conversação em italiano
SeM MiSTéRio

conversação em italiano
SeM MiSTéRio

Beth Bartolini-Salimbeni

ALTA BOOKS
EDITORA
Rio de Janeiro, 2012

Conversação em Italiano Sem Mistério Copyright © 2012 da Starlin Alta Editora e Consultoria Ltda.
ISBN: 978-85-7608-677-2

Translated from original Italian Conversation Desmystified © 2011 by The McGraw-Hill Companies, Inc. ISBN 978-0-07-163658-2. This translation is published and sold by permission McGraw-Hill Companies, the owner of all rights to publish and sell the same. PORTUGUESE language edition published by Starlin Alta Editora e Consultoria Ltda. Copyright © 2012 by Starlin Alta Editora e Consultoria Ltda.

Todos os direitos reservados e protegidos por Lei. Nenhuma parte deste livro, sem autorização prévia por escrito da editora, poderá ser reproduzida ou transmitida.

Erratas: No site da editora relatamos, com a devida correção, qualquer erro encontrado em nossos livros.

Marcas Registradas: Todos os termos mencionados e reconhecidos como Marca Registrada e/ou Comercial são de responsabilidade de seus proprietários. A Editora informa não estar associada a nenhum produto e/ou fornecedor apresentado no livro.

Impresso no Brasil

Vedada, nos termos da lei, a reprodução total ou parcial deste livro

Produção Editorial
Editora Alta Books

Gerência Editorial
Anderson da Silva Vieira

Supervisão Editorial
Angel Cabeza
Augusto Coutinho

Controle de Qualidade Editorial
Sergio Luiz de Souza

Editoria de Séries
Bruna Serrano
Isis Batista
Thiê Alves

Equipe Editorial
Andréa Bellotti
Andreza Farias
Bianca Massacesi
Brenda Ramalho

Cláudia Braga
Cristiane Santos
Daniel Siqueira
Evellyn Pacheco
Gianna Campolina
Iuri Santos
Jaciara Lima
Juliana de Paulo
Lara Gouvêa
Licia Oliveira
Milena Souza
Marcelo Vieira
Marco Silva
Mateus Alves
Patrícia Fadel
Paulo Camerino
Pedro Sá
Rafael Surgek
Vanessa Gomes
Vinicius Damasceno

Tradução
Andréa Dorce

Copidesque
Mateus Colombo

Revisão Gramatical
Gianna Campolina
Isis Batista

Revisão Técnica
Izabel Cristina C. Lima
Mestre em Literatura Italiana

Diagramação
Francisca Santos

Marketing e Promoção
Daniel Schilklaper
marketing@altabooks.com.br

1ª Reimpressão, agosto de 2015

Dados Internacionais de Catalogação na Publicação (CIP)

B292c   Bartolini-Salimbeni, Beth.
         Conversação em italiano sem mistério / Beth Bartolini-Salimbeni. – Rio de Janeiro, RJ:
         Alta Books, 2012.
         240 p. : il. + 2 discos sonoros : digital estereo ; 4 ¾ pol.
         – (Sem Mistério)
         Inclui índice.
         Tradução de: Italian Conversation Desmystified.
         ISBN 978-85-7608-677-2

1   1. Língua italiana - Conversação e frases - Português. 2. Língua italiana - Italiano falado. 3. Língua italiana - Autodidatismo. I. Título. II. Série.
2
                                                                      CDU 805.0
                                                                      CDD 458.24

Índice para catálogo sistemático:
1. Língua italiana : Conversação   805.0
(Bibliotecária responsável: Sabrina Leal Araujo – CRB 10/1507)

ALTA BOOKS
EDITORA

Rua Viúva Cláudio, 291 – Bairro Industrial do Jacaré
CEP: 20970-031 – Rio de Janeiro – Tels.: 21 3278-8069/8419 Fax: 21 3277-1253
www.altabooks.com.br – e-mail: altabooks@altabooks.com.br
www.facebook.com/altabooks – www.twitter.com/alta_books

SUMÁRIO

Agradecimentos		ix
Introdução		xi

PARTE UM   **ITALIANO EM CASA**

CAPÍTULO 1   **Introdução ao Italiano**   3
Encontrando Amigos para o Café   3
Italiano Instantâneo   5
Palavras Emprestadas, Expressões e Cognatos   8
Pronúncia e Entonação   11
Começando o Dia   14
O Calendário   15
TESTE RÁPIDO   18

CAPÍTULO 2   **Familiarizando-se**   21
Conhecendo Alguém Novo   22
Cumprimentos e Apresentações   23
Falando ao Telefone   25
Conhecendo Alguém Usando *essere*   28
Puxando Conversa   31
Fazendo Perguntas   34
Descrevendo a Si Mesmo e aos Outros   36
Usando Adjetivos   38
TESTE RÁPIDO   41

CAPÍTULO 3	**Vida Cotidiana**	43
	Fazendo Planos para o Dia	43
	Usando *avere*	46
	Realizando Tarefas	47
	Comprando o jantar fora	50
	Usando *piacere*	52
	TESTE RÁPIDO	54
CAPÍTULO 4	**Expressando Aquilo Que Você Gosta e o Que Não Gosta**	57
	Discutindo sobre Aquilo Que Você Gosta e o Que Não Gosta	57
	Expressando Estados Emocionais e Físicos com *avere*	60
	Descrevendo Sentimentos	61
	Fazendo Comparações	64
	TESTE RÁPIDO	68
CAPÍTULO 5	**As Comidas da Itália**	71
	Recebendo os Amigos para o Jantar	71
	Usando o Verbo *fare*	73
	Jantando Fora	75
	Comendo na Itália – Comidas Regionais	78
	Mais Verbos	82
	TESTE RÁPIDO	83
	TESTE DA PARTE UM	85
PARTE DOIS	**VIAJANDO PELA ITÁLIA**	89
CAPÍTULO 6	**Planejando uma Viagem pela Itália**	91
	Planejando uma Viagem	91
	Comprando o Que É Essencial	95
	Pegando um Trem	97
	Dizendo a Hora	99
	TESTE RÁPIDO	103
CAPÍTULO 7	**Saindo à Noite**	105
	Comprando Ingressos para o Teatro	105
	Falando sobre o Passado com o *imperfetto*	108
	Descrevendo um Espetáculo	109

Sumário

vii

	Dando uma Opinião	111
	Falando sobre o Passado com o *passato prossimo*	113
	TESTE RÁPIDO	117
CAPÍTULO 8	**Atividades ao Ar Livre**	119
	Visitando Jardins e Vilas	119
	O *si* Impessoal e o Reflexivo	121
	Visitando as Paisagens Etruscas	123
	Usando Contrações	125
	Usando Preposições	125
	Observando a Arquitetura	127
	Obtendo Direções	129
	TESTE RÁPIDO	130
CAPÍTULO 9	**Celebrações Privadas e Públicas**	131
	Indo a um Casamento	131
	Falando sobre a Família	133
	Conjugação no Futuro	134
	Em um Festival	136
	Expressando *isto* e *aquilo* com *questo* e *quello*	137
	Uma Comemoração em um Feriado	139
	TESTE RÁPIDO	141
CAPÍTULO 10	**Falando sobre Sua Viagem**	143
	Falando sobre Sua Viagem	143
	Revisão de Pronomes	147
	Planejando Sua Próxima Viagem	151
	TESTE RÁPIDO	154
	TESTE DA PARTE DOIS	155
	TESTE FINAL	158
	Apêndice A: Recursos	169
	Apêndice B: Verbos	171
	Apêndice C: Roteiro de Áudio	177
	Respostas	207
	Índice	221

AGRADECIMENTOS

Obrigada a todos os meus alunos e colegas, tanto aqui como na Itália, por me ensinarem que aprender um idioma não é um "esporte para quem só gosta de observar". Especialmente útil foi o grupo de alunos que eu considero como sendo o grupo de Nicole Contegiacomo: eles estiveram na Itália comigo durante dois verões seguidos para aprender o idioma e estudar gastronomia e artes; e abriram os meus olhos para coisas com as quais eu não me importava muito. Às "matriarcas fundadoras" – Linda, Mary, Peggy e Katy –, obrigada pelo encorajamento e pelo apoio que cada uma de vocês me deu ao longo dos anos. Um agradecimento especial e sincero a Francesca Chiostri e toda a sua família, por compartilhar a Itália, seus lares e suas vidas comigo.

INTRODUÇÃO

Bem-vindo a *Conversação em Italiano Sem Mistério*. Se você escolheu este livro é porque quer falar italiano. Talvez já tenha lido *Italiano Sem Mistério* e se sinta confortável com as regras gramaticais básicas do italiano. Talvez entenda um pouco do que é dito e aquilo que lê. *Conversação em Italiano Sem Mistério* permitirá que você entenda e fale italiano de maneira confortável e competente.

Falar um idioma requer prática, paciência e risadas, entre outras coisas. *Conversação em Italiano Sem Mistério* assume uma abordagem interativa que simula a imersão; usando materiais de áudio e escritos, o livro ensina como ouvir e falar. Além disso, é útil ouvir rádio ou músicas em italiano e assistir filmes e televisão em italiano.

A língua italiana possui mais de vinte dialetos, mas o idioma "nacional", aquilo que as pessoas geralmente querem dizer quando se referem ao italiano, é o dialeto toscano. Esse é o idioma da mídia, da educação, do governo – enfim, de todas as facetas da vida cotidiana. O italiano possui uma musicalidade inegável – e é tão complexo quanto qualquer língua moderna. Para aprimorar suas habilidades conversacionais, me concentro nas quatro conjugações verbais mais importantes e faço uso de cognatos sempre que possível. Quando terminar *Conversação em Italiano Sem Mistério*, você perceberá que o italiano não é tão complexo no final das contas.

In bocca al lupo! Boa sorte!

Como Usar Este Livro

O livro *Conversação em Italiano Sem Mistério* é dividido em duas partes: **Italiano em Casa** (capítulos 1 a 5) e **Viajando na Itália** (capítulos 6 a 10). A **Parte Um** enfatiza as habilidades gramaticais e práticas conversacionais básicas. A **Parte Dois** aplica tudo da **Parte Um** a um contexto de viagens. Cada capítulo contém diálogos, revisão de diálogos, perguntas de revisão, um pouco de gramática, exercícios e um pequeno teste. Antes do teste, em cada capítulo há um diário. Ele serve para tornar as frases básicas – de **Come ti chiami?** *(Qual é seu nome?)* a comentários sobre o tempo – mais fáceis de serem aprendidas pelo ato um tanto passivo da repetição. Também estão inclusas neste livro notas sobre a cultura italiana, vocabulário e gramática em geral. Recomendo começar cada capítulo ouvindo o diálogo primeiro; depois, ouvindo o diálogo ao mesmo tempo em que o lê no livro; por fim, respondendo à revisão sobre o diálogo e às perguntas de revisão. As estruturas das conversas se tornarão mais claras nos exercícios subsequentes. Sinta-se à vontade para ouvir os diálogos mais de uma vez. Eles tendem a se desenvolver um a partir do outro e a contar uma história durante esse processo.

Cada capítulo termina com um Teste Rápido de dez perguntas sobre o conteúdo estudado que testa sua proficiência sobre o material apresentado. Você pode fazer o teste consultando ou não o livro, dependendo de como se sentir mais confortável. Tente atingir uma pontuação de 80% ou mais antes de seguir para o próximo capítulo.

Cada parte termina com um teste de 25 perguntas que cobre o conteúdo trabalhado e desenvolve o conhecimento adquirido desde o início. Você deve tentar acertar 75% das perguntas antes de prosseguir para a próxima parte. O Teste Final apresenta cem perguntas e cobre tudo o que foi aprendido.

Os apêndices contêm vocabulário útil e construtores de palavras (maneiras de construir diversas palavras a partir de um radical), além, especialmente, de verbos, que ampliarão o seu aprendizado e o tornarão mais lógico. Você também encontrará uma transcrição completa do material do CD de áudio que acompanha este livro.

Passar um período regular de tempo com este material o levará a melhores resultados. Meia hora ou uma hora por dia é o ideal. Isso permite que você estabeleça um ritmo de aprendizado e que retenha aquilo que estudou. Sempre comece lendo de novo o que fez no dia anterior. Se possível, encontre um parceiro de estudo. Isso tornará o aprendizado mais divertido e, certamente, mais prático. Acima de tudo, corra riscos, tenha imaginação e divirta-se ao aprender o italiano.

PARTE UM

ITALIANO EM CASA

CAPÍTULO 1

Introdução ao Italiano

Neste capítulo você verá:

Encontrando Amigos para o Café
Italiano Instantâneo
Palavras Emprestadas, Expressões e Cognatos
Pronúncia e Entonação
Começando o Dia
O Calendário

Encontrando Amigos para o Café

 FAIXA 1

Ouça o diálogo a seguir. Após ouvir uma frase ou sentença, sempre pause e repita o que ouviu.

Conversação em Italiano Sem Mistério

CULTURA SEM MISTÉRIO

Il bar italiano

Na Itália, um bar é um lugar que você vai para beber café, comer petiscos e, frequentemente, tomar café da manhã. Bebidas alcoólicas também são servidas, mas não exclusivamente. Cada bairro geralmente tem mais de um bar, onde os amigos se reúnem para conversar ou para tomar uma xícara de café expresso (muitas vezes em pé, em vez de sentados a uma mesa). O pedido é feito na **cassa** (caixa) e, depois de pago, o recibo é dado ao atendente atrás do balcão.

Graziana Bicci está cumprimentando sua amiga, Marisa Bertoli, e elas vão ao bar local para tomar um café.

GRAZIANA: Salve, Marisa. Come stai? — *Oi, Marisa. Como você está?*

MARISA: Ciao, bella. Benone e tu? — *Oi, querida. Muito bem, e você?*

GRAZIANA: Bene. Andiamo da Franco per un caffè? — *Estou bem. Vamos ao Franco para tomar um café?*

MARISA: Sì, va bene. Ma ho un appuntamento alle 9,30 (nove e mezza). — *Sim, tudo bem. Mas eu tenho um compromisso às 9h30min.*

GRAZIANA: Be'. Possiamo prendere un caffè. Anch'io ho da fare. — *Certo. Podemos tomar um café. Também tenho algumas coisas para fazer.*

MARISA: Ah, eccoci qua. Guarda. C'è Paolo. Ciao, Paolo. Come va? — *Ah! Aqui estamos. Olhe, aquele é o Paolo. Oi, Paolo. Como estão as coisas?*

GRAZIANA: Ciao, Paolo. Io sono Graziana. — *Oi, Paolo. Eu sou Graziana.*

PAOLO: Buon giorno. Piacere, Graziana. Sto per prendere un caffè. Mi fate compagnia? Offro io. — *Bom dia. Prazer em conhecê-la, Graziana. Eu vou tomar um café. Vocês me acompanham? Estou oferecendo.*

MARISA: Grazie. Volentieri. — *Obrigada. Seria um prazer.*

PAOLO: Che c'è di nuovo, Marisa? E Beppe, come sta? — *O que há de novo, Marisa? E o Beppe, como está?*

MARISA: Beppe sta molto bene. Lavora troppo. Niente di nuovo. — *Beppe está muito bem. Está trabalhando demais. Sem novidades.*

GRAZIANA: Domani andiamo alla mostra di Giovanni Fattori. Vorresti venire con noi? — *Amanhã vamos à exposição de Giovanni Fattori. Você gostaria de ir conosco?*

MARISA: Sì, vieni. È una mostra bellissima. — *Ah, sim, vamos. É uma exposição belíssima.*

CAPÍTULO 1   Introdução ao Italiano

PAOLO: Eh, mi piacerebbe accompagnarvi. Ma non posso. Devo lavorare.

MARISA: Allora, un'altra volta.

PAOLO: Sì. Ora scappo, devo andare in ufficio. Ciao. Saluti a Beppe.

MARISA: Grazie. Buon lavoro!

GRAZIANA: Arrivederci.

Ah, eu adoraria ir com vocês. Mas não posso. Tenho que trabalhar.

Bem, então outra hora.

Sim, é claro. Agora tenho que ir. Preciso ir ao escritório. Tchau. Mande lembranças ao Beppe.

Obrigada. Tchau. Bom trabalho!

Tchau.

Revisão do Diálogo 1-1

Como em português, há muitas maneiras de dizer "oi" e "tchau" em italiano e, igualmente, muitas maneiras de perguntar sobre a saúde de alguém. Dê três exemplos de como dizer "oi" ou "tchau" e depois dê dois exemplos de como dizer "Como você está?". Você pode revisar o diálogo anterior se precisar de ajuda; confira as respostas no final do livro.

1. _____
2. _____
3. _____
4. _____
5. _____

Agora responda as perguntas a seguir.

6. Come va? _____
7. Ciao! _____
8. Come stai? _____
9. Buon giorno! _____

Italiano Instantâneo

Além dos cumprimentos padrão – **ciao, buon giorno, come va, salve, arrivederci** – há certas expressões em italiano que tornam a comunicação instantânea possível. Todas as formas verbais a seguir, apresentadas na primeira, segunda e terceira pessoas do singular, podem ser seguidas pelo infinitivo. Observe e ouça os exemplos na gravação e repita o que ouvir.

FAIXA 2

vorrei	eu gostaria	devo	eu tenho que
vorresti	você gostaria	devi	você tem que
vorrebbe	ele, ela, o Sr./a Sra. gostaria	deve	ele, ela, o Sr./a Sra. tem que
posso	eu posso	so	eu sei como
puoi	você pode	sai	você sabe como
può	ele, ela, o Sr./a Sra. pode	sa	ele, o Sr./a Sra. sabe como
preferisco	eu prefiro	ho voglia di	eu quero
preferisci	você prefere	hai voglia di	você quer
preferisce	ele, ela, o Sr./a Sra. prefere	ha voglia di	ele, ela quer (não é usado formalmente)
mi piacerebbe	eu gostaria (queria)	sto per	eu estou prestes a
ti piacerebbe	você gostaria	stai per	você está prestes a
Le piacerebbe	o Sr./a Sra. gostaria	sta per	ele, ela, o Sr./a Sra. está prestes a

Na conversa entre Graziana, Marisa e Paolo, Graziana diz que ela e Marisa podem (têm tempo de) tomar café (**Possiamo prendere un caffè**). Paolo diz que está indo tomar um café (**Sto per prendere un caffè**). Graziana convida Paolo a juntar-se a elas na visita à exposição, perguntando se ele gostaria de ir junto (**Vorresti venire con noi**). Paolo responde, usando duas formas "instantâneas": *Eu adoraria ir com vocês* (**Mi piacerebbe...**), *mas tenho que trabalhar* (**devo lavorare**).

VOCABULÁRIO SEM MISTÉRIO

Da

Da é uma das diversas palavras de duas letras onipresentes no italiano que possuem muitos significados. Aqui, ela é usada para significar *no* como em *no bar do Franco*. Ela também é usada para significar *de* ou *por*, como nos exemplos **"Lui viene da Siena."** (*Ele é de Siena.*) e **"La Commedia era scritta da Dante** (*"A Divina Comédia" foi escrita por Dante.*); para indicar função, como nos exemplos **on costume da bagno** (*um traje de banho*) e **una macchina da cucire** (*uma máquina de costurar*) e para indicar tempo decorrido, como nos exemplos **"Da cinque anni studio l'italiano."** (*Há cinco anos estudo italiano.*).

Expressar seus próprios gostos, habilidades e desejos usando essas formas "instantâneas" com o infinitivo farão com que você consiga se virar. Por exemplo, em resposta à pergunta geral **Cosa vorresti fare?** *(O que você gostaria de fazer?)*, pode responder:

CAPÍTULO 1 Introdução ao Italiano

Vorrei mangiare.	*Gostaria de comer.*
Preferisco mangiare.	*Prefiro comer.*
Devo mangiare.	*Tenho que comer.*
Ho voglia di mangiare.	*Quero comer.*
Mi piacerebbe mangiare.	*Gostaria de comer.*

Aqui estão alguns infinitivos que podem ser usados no cotidiano. Certamente há outros. Você pode usar um dicionário para encontrar outros infinitivos que podem ser usados com os verbos "instantâneos" para expressar suas preferências.

andare al cinema	*ir ao cinema*
comprare questo	*comprar isto*
cambiare soldi	*trocar dinheiro*
dormire	*dormir*
fare	*fazer*
mangiare	*comer*
ritornare a casa	*voltar para casa*
trovare	*encontrar*
visitare	*visitar*

Fare é um verbo comum em italiano. Consulte o Capítulo 5 para conhecer expressões com esse verbo versátil.

GRAMÁTICA SEM MISTÉRIO

Formas Informais e Formais

Os verbos em italiano, como em todos os idiomas latinos, usam formas informais e formais, dependendo da pessoa com quem você está falando. Como regra geral, usa-se a forma informal **tu** para amigos, parentes, crianças, animais e seus colegas (mesmo que você tenha acabado de conhecê-los). A variação formal é usada com conhecidos, estranhos e pessoas em posições de autoridade. Por exemplo, o açougueiro que vende carne a você há vinte anos nunca usaria a forma informal, nem você com ele.

Exercício Oral 1-1

 FAIXA 3

Ouça as perguntas a seguir. Leia enquanto as escuta. Pause após cada pergunta e repita. Em seguida, responda com formas "instantâneas" do italiano. Para tornar a resposta negativa, simplesmente adicione **no, non...** antes do verbo. Veja as respostas ao final do livro.

1. Cosa vorresti fare?	*O que você gostaria de fazer?*
2. Preferisci andare al museo o ritornare a casa?	*Você prefere ir ao museu ou voltar para casa?*
3. Sai parlare italiano?	*Você sabe falar italiano?*
4. Ti piacerebbe mangiare fettucine all'Alfredo?	*Você gostaria de comer fettucine ao molho Alfredo?*
5. Puoi venire con noi?	*Você pode vir conosco?*
6. Devi lavorare oggi?	*Você tem que ir ao trabalho hoje?*
7. Stai per dormire?	*Você está indo dormir?*

Palavras Emprestadas, Expressões e Cognatos

Imigrantes italianos trouxeram ao Brasil tradições culinárias e artísticas que se tornaram parte de nossa cultura. Com essa incorporação, muitos elementos do idioma italiano foram introduzidos no português.

GRAMÁTICA SEM MISTÉRIO

Gênero e Artigos

Assim como na maioria dos idiomas latinos, os substantivos e adjetivos em italiano apresentam gênero masculino ou feminino, singular ou plural, como mostram suas terminações. Da mesma forma, os artigos (definidos e indefinidos) que acompanham os substantivos também são flexionados em gênero e número.

Os substantivos masculinos geralmente terminam em **o**, embora alguns terminem em **e**. Os substantivos femininos geralmente terminam em **a**, embora alguns também possam terminar em **e**. Quando uma palavra masculina começa com **s seguida de uma consoante, z, ps** ou **gn**, o artigo no singular é **lo**. Quando uma palavra masculina ou feminina no singular começa com uma vogal, o artigo é **l'**. Observe os exemplos a seguir:

Masculino

Singular		Plural	
il libro	*o livro*	i libri	*os livros*
l'amico	*o amigo*	gli amici	*os amigos*
lo studente	*o estudante*	gli studenti	*os estudantes*
lo zio	*o tio*	gli zii	*os tios*

CAPÍTULO 1 Introdução ao Italiano

Substantivos femininos possuem apenas duas formas singulares do artigo e uma forma no plural. Todos os substantivos que terminam com **o** no singular mudam para **i** no plural. Os substantivos que terminam com **e** também mudam para **i** no plural. Aqueles que terminam com **a** mudam para **e** no plural.

Feminino

Singular		Plural	
la casa	*a casa*	le case	*as casas*
la madre	*a mãe*	le madri	*as mães*
l'ora	*a hora*	le ore	*as horas*

CULTURA SEM MISTÉRIO

Giovanni Fattori

Giovanni Fattori (1825-1908) foi o expoente máximo do impressionismo italiano, cujos pintores eram conhecidos como **i Macchiaioli** (*criadores de manchas/borrões*). Outros Macchiaioli incluíam Lega, Signorini, Cabianca, D'Ancona, Sernesi e Cecioni. Eles vinham primordialmente da Toscana.

Entre os anos de 1870 e 1920, aproximadamente 1,5 milhões de italianos vieram ao Brasil em busca de **pane e lavoro** (*pão e trabalho*). Eles se estabeleceram inicialmente no sul do país, mas posteriormente foram para outras regiões do Brasil.

Ouça a pronúncia das seguintes palavras emprestadas, expressões e cognatos; repita cada um conforme ouvir. Cada substantivo é acompanhado por um artigo definido (a palavrinha que significa "o/a"). Se não tiver certeza do significado de uma palavra, procure no dicionário.

 FAIXA 4

il cinema	gli gnocchi
la regatta	la villa
il prosciutto	l'opera
il musicista	la stanza
il motto	la loggia
lo scherzo	il concerto
il poeta	piano
adagio	allegro

Conversação em Italiano Sem Mistério

con brio
lo studio
il fiasco
l'editore

il ghetto
bravo
le lasagne

Exercício Oral 1-2

 FAIXA 5

Agora, ouça algumas das palavras e tente escrevê-las corretamente. Confira as respostas no final do livro.

1. _____
2. _____
3. _____
4. _____
5. _____
6. _____
7. _____
8. _____
9. _____
10. _____
11. _____
12. _____
13. _____
14. _____
15. _____

Por fim, liste o máximo de comidas italianas em que conseguir pensar. Pronuncie-as "all'italiano".

Exercício Oral 1-3

 FAIXA 6

Muitas palavras em italiano são muito familiares. Ouça os nomes no CD e ligue-os às descrições a seguir. Mais de um nome pode se aplicar à mesma descrição. Talvez você tenha que consultar alguma fonte, como a internet, para descobrir quem são algumas pessoas.

1. attore (*ator*) _____
2. giudice del Tribunale (*Juiz da Suprema Corte*) _____
3. attrice (*atriz*) _____
4. cantante (*cantor*) _____
5. politico (*político*) _____
6. autore (*autor*) _____
7. giocatore di baseball (*jogador de beisebol*) _____

CAPÍTULO 1   Introdução ao Italiano

8. esploratore (*explorador*) _____
9. uomo d'affari (*homem de negócios, fundador de um banco*) _____
10. maestra (*professora*) _____
11. politica (*política*) _____
12. pugilatore (*pugilista*) _____
13. tenore (*tenor*) _____
14. scienziato (*cientista*) _____

Pronúncia e Entonação

 FAIXA 7

A pronúncia de qualquer idioma, embora seja importante, não é a única coisa a se lembrar ao formar sentenças. A entonação, ou o fluxo e a ênfase dos sons, ajudam a esclarecer os significados.

Uma pergunta segue um padrão de ascensão e depois sofre uma queda:

Lo studente americano parla italiano?   *O estudante americano fala italiano?*

A resposta, usando a mesma sentença, segue um padrão descendente.

Lo studente americano parla italiano.   *O estudante americano fala italiano.*

Para mostrar surpresa ou outro comentário enfático, siga um tipo de alternância, de um "tom" para o outro.

Lo studente americano parla italiano!   *O estudante americano fala italiano!*

Exercício Oral 1-4

 FAIXA 8

As palavras ou os nomes a seguir vêm de vocabulários de arte, música, comida e da vida cotidiana (de casa, por exemplo). Ouça as pronúncias e repita as palavras. Se não estiver familiarizado com todas elas, procure-as em um dicionário. Após terminar, confira as respostas no final do livro.

chiaroscuro	mansarda	concerto	terrazza
fortissimo	Rossini	loggia	fanciulla
piazza	cantina	ricotta	bagno

Conversação em Italiano Sem Mistério

lasagne	medioevo	Ghirlandaio	Rinascimento
tagliatelle	pizza	impasto	Puccini
affreschi	Mirella	Verdi	affitto
zucchino	idraulico	gnocchi	casa
allegro	piano		

Agora, coloque cada palavra na categoria vocabular adequada.

Le belle arti (*Arte*)	La lirica, musica (*Música*)	Cibo (*Comida*)	La vita quotidiana (*Vida Cotidiana*)
_____	_____	_____	_____
_____	_____	_____	_____
_____	_____	_____	_____
_____	_____	_____	_____
_____	_____	_____	_____
_____	_____	_____	_____

Exercício Oral 1-5

FAIXA 9

Com o vocabulário familiar, é possível praticar a entonação. Por exemplo, tente dizer as sentenças a seguir de maneiras diferentes para fazer uma afirmação, uma pergunta ou uma exclamação.

Hai fame.	*Você está com fome.*
Vorresti venire con noi.	*Você gostaria de vir conosco.*
Sei italiano.	*Você é italiano.*
Sono americana.	*Sou americano.*

Agora ouça as frases a seguir e indique se elas são afirmações, perguntas ou exclamações. Ao ouvir, escreva a frase e aplique a pontuação adequada: ponto final, de interrogação ou de exclamação. Não se preocupe se sua ortografia não for perfeita. É possível encontrar as respostas corretas no final do livro.

1. _____
2. _____

CAPÍTULO 1 Introdução ao Italiano

3. _____
4. _____
5. _____
6. _____
7. _____
8. _____

EMOÇÃO E SENTIMENTO

É possível usar a entonação no italiano para expressar uma série de emoções. Alguns sentimentos comuns podem incluir os seguintes:

paura	*medo*	sorpresa	*surpresa*
indifferenza	*indiferença*	contentezza	*contentamento*
irritazione	*irritação*	dubbio	*dúvida*
tristezza	*tristeza*	fermezza	*firmeza*
entusiasmo	*entusiasmo*	sarcasmo	*sarcasmo*

Frequentemente, gestos com as mãos enfatizam uma emoção específica. Para o principiante, no entanto, é melhor deixá-los de lado. Você pode pegar dicas com falantes nativos, já que os gestos variam de uma situação social para outra.

Exercício Oral 1-6

 FAIXA 10

Ouça o CD e indique os sentimentos expressados nas sentenças. As opções incluem medo (**paura**), indiferença (**indifferenza**), irritação (**irritazione**), tristeza (**tristezza**), entusiasmo (**entusiasmo**), surpresa (**sorpresa**), contentamento (**contentezza**), dúvida (**dubbio**), firmeza (**fermezza**), sarcasmo (**sarcasmo**).

1. _____ 6. _____
2. _____ 7. _____
3. _____ 8. _____
4. _____ 9. _____
5. _____ 10. _____

Conversação em Italiano Sem Mistério

Começando o Dia

 FAIXA 11

Ouça o diálogo a seguir. Após ouvir uma frase ou sentença, sempre pause e repita o que ouviu. Beppe e Marisa são um jovem casal. Eles estão usando a forma informal **tu** para se referir um ao outro.

BEPPE: Ciao, buon gionio, cara! Hai dormito bene?
Oi, bom dia, querida. Você dormiu bem?

MARISA: Sì, grazie, Tu?
Sim, obrigada. E você?

BEPPE: Sì. Vorresti un caffè?
Sim. Você quer um café?

MARISA: Un caffellatte, per favore.
Café com leite, por favor.

BEPPE: Io sto per preparare un toast. Ne vuoi uno?
Estou preparando um misto-quente. Quer um?

MARISA: No, grazie. Preferirei un cornetto.
Não, obrigada. Prefiro um croissant.

BEPPE: Bene. Come vuoi. C'è marmellata di arancia.
Ok. Como preferir. Tem geleia de laranja.

MARISA: Perfetto. Oggi è il 12, no? Andiamo alla mostra al Palazzo Strozzi, quella di Giovanni Fattori?
Perfeito. Hoje é dia 12, certo? Vamos à exposição no Palazzo Strozzi, de Giovanni Fattori?

BEPPE: Sì, sì. E difatti ho già i biglietti.
Claro. Sim, sim. Na verdade, eu já tenho as entradas.

MARISA: Bello!
Ótimo!

Revisão do Diálogo 1-2

Responda às perguntas a seguir, sobre o diálogo entre Beppe e Marisa, usando **vero** ou **falso** (verdadeiro ou falso).

_____ 1. Beppe preferisce un toast.

_____ 2. Marisa prende un espresso.

_____ 3. Marisa ha già i biglietti.

_____ 4. Oggi è il 10.

_____ 5. Beppe e Marisa vanno al museo per vedere una mostra.

_____ 6. Fattori è un dottore.

O Calendário

 FAIXA 12

Aqui está o vocabulário para ajudá-lo a expressar os dias e os meses.

I GIORNI DELLA SETTIMANA (*OS DIAS DA SEMANA*)

Observe que a semana começa na segunda-feira **(lunedì)** e que os nomes dos dias não recebem letra maiúscula.

lunedì	*segunda-feira*
martedì	*terça-feira*
mercoledì	*quarta-feira*
giovedì	*quinta-feira*
venerdì	*sexta-feira*
sabato	*sábado*
domenica	*domingo*

DATA (*DATAS, NÚMEROS*)

As datas são precedidas pelo artigo masculino **il**, a menos que elas comecem com uma vogal, nesse caso, não precedidas por **l'**. Observe que para dizer o primeiro dia do mês usa-se **il primo** (*o primeiro*). Esse é o único dia que não usa um número simples.

uno	*um*	diciassette	*dezessete*
due	*dois*	diciotto	*dezoito*
tre	*três*	diciannove	*dezenove*
quattro	*quatro*	venti	*vinte*
cinque	*cinco*	ventuno	*vinte e um*
sei	*seis*	ventidue	*vinte e dois*
sette	*sete*	ventitrè	*vinte e três*
otto	*oito*	ventiquattro	*vinte e quatro*

Conversação em Italiano Sem Mistério

16

VOCABULÁRIO SEM MISTÉRIO

Boh, mah e eh

O que ouvimos: assim como com qualquer idioma, o italiano usa palavras "preenchedoras" que servem, frequentemente, para todos os propósitos. Elas são usadas em conversas cotidianas e, sem dúvida, você as empregará por conta própria dentro de um curto espaço de tempo.

Boh e **mah** significam *eu não sei*. São termos coloquiais e não precisamente formais. Geralmente, são acompanhados por um gesto como um "dar de ombros".

Paolo pergunta a Graziana quantas das obras de Fattori ela conhece: **"Quante opere di Giovanni Fattori conosci?"**. Graziana responde: **Boh, una diecina.** (*Não sei, cerca de dez.*). **Boh** e **mah** são essencialmente intercambiáveis, a primeira sendo mais usada no Norte e a segunda mais no Sul da Itália. **Eh** tecnicamente não é uma palavra, é mais uma expressão, como "hum". No entanto, trata-se de um som sem propósito específico que, por meio da entonação, pode ser usado para fazer uma pergunta ou para respondê-la. Volte à seção deste capítulo sobre entonação e ouça as faixas de 7 a 9 do CD, para saber como alterar o significado de uma palavra por meio do tom.

nove	*nove*	venticinque	*vinte e cinco*
dieci	*dez*	ventisei	*vinte e seis*
undici	*onze*	ventisette	*vinte e sete*
dodici	*doze*	ventotto	*vinte e oito*
tredici	*treze*	ventinove	*vinte e nove*
quattordici	*catorze*	trenta	*trinta*
quindici	*quinze*	trentuno	*trinta e um*
sedici	*dezesseis*		

I MESI DELL'ANNO (*OS MESES DO ANO*)

Assim como os dias da semana, os meses em italiano não recebem letra inicial maiúscula.

gennaio	*janeiro*	luglio	*julho*
febbraio	*fevereiro*	agosto	*agosto*
marzo	*março*	settembre	*setembro*
aprile	*abril*	ottobre	*outubro*
maggio	*maio*	novembre	*novembro*
giugno	*junho*	dicembre	*dezembro*

CAPÍTULO 1   Introdução ao Italiano   17

 FAIXA 13

Caso você tenha problemas em lembrar quais meses têm um determinado número de dias, pode sempre aprender essa rima infantil. Ouça no CD e repita.

Trenta giorni ha novembre	*Há trinta dias em novembro*
Con aprile, giugno e settembre	*Assim como abril, junho e setembro*
Di ventotto ce n'è uno	*Só tem um com 28*
Tutti gli altri ne han trentuno	*Todos os outros têm 31*

Da mesma forma, para o clima, é possível aprender essa rima infantil:

Rosso di mattina	*Céu vermelho de manhã*
L'acqua s'avvicina	*Água está vindo*
Rosso di sera	*Céu vermelho de noite*
Bel tempo si spera	*Tempo bom está vindo*

Diário: Escrita Dirigida

 FAIXA 14

Cada capítulo terminará com um exercício de escrita em um diário. Use um caderno ou o seu computador para praticar o novo conteúdo que aprendeu no capítulo. Essa pequena entrada no diário deve ser escrita todos os dias, até que o vocabulário e as formas se tornem naturais para você. Ouça a leitura de uma passagem de exemplo e repita. Depois ouça a pronúncia dos dias, números, meses e das descrições do tempo e repita.

O vocabulário para este exercício do diário é, primeiramente, limitado aos dias, números e meses; depois, aos adjetivos que descrevem o tempo; e, finalmente, às diversas possibilidades de coisas para se fazer, todas no infinitivo. É isso o que chamamos de "vocabulário passivo". Ele é aprendido ao ser repetido. Para esse primeiro exercício, para afirmar algo sobre o tempo, você pode usar **bel** (*bom*) e **brutto** (*ruim*).

Oggi è (*Hoje é*) _____ (*dia*), il (l') (*o*)

_____ (*número*) _____ (*mês*).

Fa _____ tempo (*O tempo está...*).

Oggi vorrei (*Hoje, eu queria*) _____ .

TESTE RÁPIDO

Circule a letra da palavra ou a frase que melhor completa cada sentença.

1. Per prendere un caffè, Marisa e Graziana vanno _____

    (a) dal barbiere

    (b) al bar

    (c) al museo

2. Paolo va _____

    (a) a scuola

    (b) in chiesa

    (c) in ufficio

3. _____ andare al museo.

    (a) Puoi

    (b) Preferisce

    (c) Mi piacerebbe

4. Maria Montessori era _____

    (a) maestra e medica

    (b) tenore

    (c) attrice

5. Marisa ha _____ alle 9,30.

    (a) un appartamento

    (b) un appuntamento

    (c) un abbigliamento

| CAPÍTULO 1   **Introdução ao Italiano** | 19 |

 FAIXA 15

Agora ouça a gravação para identificar uma afirmação ou uma pergunta. Pause para escolher sua resposta – (a), (b) ou (c). Depois, ouça a resposta correta e repita. Siga para a próxima pergunta e repita o processo.

6. (a) arrivederci
   (b) bene
   (c) dieci

7. (a) i biglietti
   (b) il concerto
   (c) il caffè

8. (a) sai
   (b) sabato
   (c) salve

9. (a) politico
   (b) artista
   (c) cantante

10. (a) al bar
    (b) al teatro
    (c) al museo

CAPÍTULO 2

Familiarizando-se

Neste capítulo, você verá:

Conhecendo Alguém Novo
Cumprimentos e Apresentações
Falando ao Telefone
Conhecendo Alguém, Usando essere
Puxando Conversa
Fazendo Perguntas
Descrevendo a Si Mesmo e aos Outros
Usando Adjetivos

Conhecendo Alguém Novo

 FAIXA 16

Ouça a conversa a seguir entre Graziana e Paolo. Eles se conheceram por meio de sua amiga em comum Marisa, e se encontraram em uma livraria. Que tipos de livros Paolo gosta?

PAOLO: Ciao, Graziana. Sono Paolo, l'amico di Marisa.

Oi. Graziana. Sou o Paolo, amigo da Marisa.

GRAZIANA: Ciao, Paolo. Sì, sì, ti ricordo bene. Come stai?

Oi, Paolo. É claro, lembro-me bem de você. Como você está?

PAOLO: Bene, grazie. E tu?

Bem, obrigado. E você?

GRAZIANA: Bene. Vieni qui spesso?

Bem. Você vem sempre aqui?

PAOLO: Sì. Purtroppo compro molti libri.

Sim. Infelizmente, compro muitos livros.

GRAZIANA: Anch'io. Che tipo di libro ti piace?

Eu também. Que tipo de livros você gosta?

PAOLO: Tutti i libri mi piacciono. Mi piacciono i romanzi, i gialli, la storia, la biografia ed i libri di ricette.

Gosto de todos os livros. Gosto de romances, mistérios, livros de história, biografias e livros de receitas.

GRAZIANA: Sai cucinare?

Você sabe cozinhar?

PAOLO: Mio padre ha un ristorante cosicchè è da sempre che lavoro in cucina. Ed anche in giardino.

Meu pai tem um restaurante, por isso, sempre trabalhei na cozinha. E também no jardim.

GRAZIANA: Bravo! Mi piacerebbe cucinare ma mia madre si occupa di quello.

Muito bem! Eu gostaria de cozinhar, mas minha mãe cuida disso.

PAOLO: A proposito, ti posso preparare una bella cena. Che ne dici? Sabato sera va bene?

A propósito, posso preparar um belo jantar para você. O que me diz? Sábado à noite seria bom?

GRAZIANA: Ok, volentieri. Perchè non mi telefoni con i particolari? Ecco il mio numero di telefono.

Certo, adoraria. Por que você não me liga para combinarmos os detalhes? Este é o meu número de telefone.

PAOLO: Benone. Non vedo l'ora. Ne parliamo domani. Ciao.

Ótimo. Mal posso esperar. Conversaremos amanhã. Tchau.

GRAZIANA: Ciao, Paolo.

Tchau, Paolo.

CAPÍTULO 2 Familiarizando-se | 23

> **VOCABULÁRIO SEM MISTÉRIO**
>
> ## Cognatos
>
> Há várias palavras nessa conversa que você pode não ter ouvido antes, mas que podem ser reconhecíveis, pois são cognatos. **Biografia** *(biografia)*, **storia** *(história)*, por exemplo, são coisas de que Paolo gosta. O que significa **scienza, autobiografia, musica, arte** e **storia dell'arte**?
>
> **Romanzi** pode ser um falso cognato quando se refere a livros. Um **libro rosa** *(livro rosa)* é um romance. E **gialli** *(amarelos)* são livros de mistérios, assim chamados por suas capas serem amarelas.

Revisão do Diálogo 2-1

Responda às questões a seguir com **vero** ou **falso** (verdadeiro ou falso), consultando os diálogos conforme necessário. Verifique as respostas no final do livro.

_____ 1. Paolo compra molti libri.

_____ 2. Graziana sa cucinare.

_____ 3. Il padre di Graziana ha un ristorante.

_____ 4. Paolo prepara una bella cena per Graziana domenica sera.

_____ 5. Il padre di Paolo è uno chef.

_____ 6. Paolo telefona a Graziana domani.

Cumprimentos e Apresentações

Há rituais a serem seguidos ao encontrar e cumprimentar as pessoas. A resposta-padrão para uma apresentação, e a mais simples, é **piacere** *(é um prazer)*. Amigos e conhecidos apertam as mãos ao dizer "oi" e "tchau", ou podem "fingir beijar" ambas as bochechas. Quando Graziana e Paolo se encontraram na livraria, eles provavelmente apertaram as mãos. Seus cumprimentos, no entanto, são informais – **Ciao** *(Oi)*, em vez do mais formal **Buon giorno** *(Bom dia)*. Além de **piacere**, os cumprimentos a seguir são usados em horários diferentes do dia e em situações formais ou informais.

Buon giorno e **Buon dì** ambos significam *Bom dia* e podem ser usados o dia inteiro. Eles são usados formal e informalmente – e são os cumprimentos-padrão usados quando se chega a um ambiente comercial.

Buona sera *(Boa tarde)* geralmente é usado após o almoço e durante o resto do dia.

Buona notte *(Boa noite)* é a última despedida, usado quando você está deixando um lugar ao qual não retornará até o dia seguinte. Também é a última coisa a se dizer quando alguém vai deitar-se, um boa-noite definitivo (especialmente quando usado com crianças).

Conversação em Italiano Sem Mistério

Ciao e **Salve** significam *Oi*; **Ciao** também pode significar *Tchau*. Esses termos são informais e não são usados com pessoas em uma posição de autoridade superior ou com alguém mais velho.

Arrivederci é o uso informal de *Até nos vermos novamente*, ou *Tchau*, mas o termo está rapidamente substituindo o termo mais formal **ArrivederLa**.

Por fim, há muitas maneiras de se deixar um lugar sem necessariamente dizer *tchau*:

A domani.	*Até amanhã.*
A più tardi.	*Até mais tarde.*
Ci vediamo.	*Nós nos veremos* (literalmente, *vamos nos ver*).
A presto.	*Vejo você logo.*

É importante lembrar-se de sempre usar os cumprimentos, formal e informalmente, com todos. É considerado rude entrar em uma loja e não dizer **Buon giorno**.

Exercício Oral 2-1

 FAIXA 17

Ouça e repita as frases curtas a seguir. Preste atenção às entonações, já que elas oferecem uma dica do significado e da situação em que estão sendo usadas.

1. Buon giorno, Signora Bertoli.   *Bom dia, Sra. Bertoli.* (formal)
2. Buon giorno, Dottore.   *Bom dia, doutor.* (formal)
3. Buona sera, Signore.   *Boa tarde, senhoras.* (formal)
4. Buona notte. A domani.   *Boa noite. Até amanhã.* (informal)
5. Ciao!   *Tchau!* (informal)
6. Buon giorno, ragazzi!   *Bom dia, crianças!* (formal e informal)
7. Arrivederci!   *Nos vemos depois!* (formal e informal)
8. Salve, Piero! Come va?   *Oi, Piero! Como estão as coisas?* (informal)
9. A presto!   *Até logo!* (informal)
10. Ci vediamo!   *Até mais!* ou *Nos vemos!* (informal)

Exercício Escrito 2-1

O que você diria em cada uma das situações e em cada um dos horários do dia a seguir? Verifique as respostas no final do livro.

CAPÍTULO 2 Familiarizando-se

Após o almoço:
1. Você cumprimenta seu médico. _____
2. Você cumprimenta um amigo. _____
3. Você diz "tchau" a amigos. _____

De manhã:
4. Você cumprimenta o proprietário de um estabelecimento comercial. _____
5. Você cumprimenta um conhecido do trabalho. _____
6. Você cumprimenta o filho de um amigo. _____
7. Você diz "oi" ao animal de estimação de alguém. _____

De noite:
8. Você diz "boa noite" a uma criança. _____
9. Você diz "boa noite" a um amigo. _____
10. Você diz "boa noite" a comensais. _____

Falando ao Telefone

 FAIXA 18

Agora, ouça Paolo e Graziana ao telefone. Pause após cada frase e repita em voz alta. Paolo liga para Graziana para confirmar o jantar de sábado. O pai de Graziana, Lorenzo Bicci, atende o telefone.

LORENZO: Pronto?	*Alô?*
PAOLO: Pronto. Buona sera. Sono Paolo Franchini. C'è Graziana, per favore?	*Alô. Boa tarde. Aqui é Paolo Franchini. Graziana está, por favor?*
LORENZO: Sì, un attimo. Come si chiama?	*Sim, só um momento. Qual é o seu nome?*
PAOLO: Mi chiamo Paolo Franchini.	*Meu nome é Paolo Franchini.*
LORENZO: Bene. Gliela passo. Graziana! Telefono! È un signor Franchini.	*Certo. Vou chamá-la para você. Graziana! Telefone! É um Sr. Franchini.*
GRAZIANA: Grazie, Babbo. Pronto?	*Obrigada, pai. Alô?*
PAOLO: Ciao, Graziana. Sono Paolo. Disturbo?	*Oi, Graziana. É o Paolo. Estou atrapalhando?*
GRAZIANA: No, Paolo. Come stai?	*Não, Paolo. Como você está?*
PAOLO: Bene. Volevo confermare la cena per sabato sera.	*Bem. Queria confirmar nosso jantar no sábado à noite.*

Conversação em Italiano Sem Mistério

26

CULTURA SEM MISTÉRIO

Morando na Casa dos Pais

Muitos jovens italianos vivem na casa dos pais até casarem. Geralmente, eles cursam universidades locais. O alojamento é caro (mesmo com os controles de aluguel) e há poucas opções, especialmente no centro da cidade, onde Paolo mora.

GRAZIANA: Sì, va bene. A che ora devo presentarmi da te?

PAOLO: Alle 8,00 va bene? O puoi venire più presto ed aiutarmi in cucina.

GRAZIANA: Eh… Va bene alle 8,00. Posso portare qualcosa?

PAOLO: No, no. Ti piace il pesce?

GRAZIANA: Sì, mi piace il pesce. E non sono vegetariana. E non ho allergie.

PAOLO: Perfetto. Allora ti do l'indirizzo. Lungarno Archibusieri, numero 8. Sai dov'è?

GRAZIANA: Vicino alla Piazza del Pesce, cioè al Ponte Vecchio, vero?

PAOLO: Sì, infatti l'edificio dà sulla Piazza del Pesce e sul Corridoio Vasariano. Ci vediamo sabato sera alle otto. Arrivederci.

GRAZIANA: Ciao.

Sim, está certo. Que horas devo chegar à sua casa?

Às 8h, se estiver tudo bem. Ou você pode chegar mais cedo e me ajudar na cozinha.

Hum… às 8h está bom. Posso levar algo?

Não, não. Você gosta de peixe?

Sim, eu gosto de peixe. Não sou vegetariana. E não tenho alergia.

Perfeito. Então vou te passar o endereço. É em Lungarno Archibusieri, número 8. Sabe onde é?

Próximo à Piazza del Pesce, isto é, na Ponte Vecchio, certo?

Sim, na verdade, fica de frente à Piazza del Pesce, em Corridoio Vasariano. Vejo você no sábado às 8h. Tchau.

Tchau.

Revisão do Diálogo 2-2

Responda às perguntas a seguir sobre a conversa ao telefone entre Paolo e Graziana. Ouça o diálogo novamente, se necessário. Confira as respostas no final do livro.

1. Come si chiama il padre di Graziana? _____

2. Perchè telefona Paolo? _____

3. Qual è l'indirizzo di Paolo? _____

4. Graziana è vegetariana? _____

5. Paolo abita vicino a qual ponte? _____

CAPÍTULO 2 Familiarizando-se

Exercício Escrito 2-2

Volte à conversa de Paolo e Graziana e procure por cognatos. É possível encontrar pelo menos quatro.

1. _____   3. _____
2. _____   4. _____

Exercício Oral 2-2

 FAIXA 19

Os cumprimentos usados ao telefone são iguais àqueles usados pessoalmente. Atenda ao telefone e preencha os espaços em branco correspondentes à conversa. Após terminar de escrever suas respostas, ouça as conversas completas no CD.

Conversa 1:

Il telefono squilla.	O telefone toca.
_____?	Alô?
Pronto. Buon giorno. C'è Giacomo?	Alô. O Giacomo está?
_____.	Sim, só um momento.

Conversa 2:

_____?	Alô?
Pronto. Sono Mirella. C'è Francesco?	Alô. Aqui é Mirella. O Francesco está?
_____.	Não, ele não está.
Grazie, buon giorno.	Obrigada. Tchau.
_____.	Tchau.

Conversa 3:

_____?	Alô?
Ciao. Sono Nico.	Oi, aqui é Nico.
_____?	Oi, Nico. Como você está?
Bene. Tu?	Bem, e você?
_____.	Bem.
Vorresti andare al cinema?	Você quer ir ao cinema?
_____.	Eu gostaria, mas tenho que trabalhar.

Eh. Forse la settimana prossima.	*Ah. Talvez na semana que vem.*
_____.	*Certo.*
Ci risentiamo sabato. Va bene?	*Nos falamos no sábado. Certo?*
_____.	*Sim, está ótimo.*
Allora, ciao ciao.	*Então tchau.*
_____.	*Tchau.*

Conhecendo Alguém Usando *essere*

Em quaisquer conversas, o verbo **essere** (*ser/estar*) é usado na forma conjugada. É um dos três verbos que permitirão que você se comunique em italiano fácil e rapidamente. A seguir está a sua conjugação. Não há necessidade de usar os pronomes pessoais a menos que queira dar ênfase ou que eles estejam seguindo a palavra **anche** (*também*): **anch'io, anche lui. Anch'io sono italiana** (*eu também sou italiana*), por exemplo.

Singular		**Plural**	
io sono	*eu sou/estou*	**noi siamo**	*nós somos/estamos*
tu sei	*você é (informal)/está*	**voi siete**	*vocês são (informal e formal)/estão*
lui è	*ele é/está*	**loro sono**	*eles são/estão*
lei è	*ela é/está*	**Loro sono**	*vocês são (formal)/estão*
Lei è	*o Sr/a Sra. é (formal)/está*		

Dizer **Io sono Graziana,** você já deve ter notado, é o mesmo que dizer **Mi chiamo Graziana. Sono** também é usado para se identificar ao telefone: **Sono Graziana** (*Aqui é a Graziana*).

Tu sei é a forma informal de *você é,* a que a resposta provável é **[io] sono** (*eu sou*).

Sei studente? No, non sono studente.	*Você é estudante? Não, não sou estudante.*
Sei italiano o americano? Sono italiano.	*Você é italiano ou americano? Sou italiano.*
Sei vegetariana? Sì, sono vegetariana.	*Você é vegetariana? Sim, sou vegetariana.*

CAPÍTULO 2 Familiarizando-se

29

GRAMÁTICA SEM MISTÉRIO

Pronomes Subjetivos

Na tabela de conjugação anterior de **essere**, vemos os pronomes pessoais antes de cada verbo. Os pronomes pessoais em italiano são:

Singular		Plural	
io	*eu*	noi	*nós*
tu	*você (informal)*	voi	*vocês*
lui	*ele*	loro	*eles*
lei	*ela*	Loro	*vocês (formal)*
Lei	*o Sr/a Sra. (formal)*		

Voi geralmente é usado em vez de **Loro** para o plural formal em falas diretas. Por exemplo, **"Voi, signori, siete medici americani?"** (*Vocês, senhores, são médicos americanos?*).

È, com acento, significa *ele é, ela é* – e é usado também com o tratamento formal. Por esse motivo, o pronome pessoal às vezes é usado para esclarecer. **Lui è italiano ma lei è americana**. *(Ele é italiano, mas ela é americana.)* Considere os significados das sentenças a seguir.

Lui è studente ma lei è maestra.	*Ele é um estudante, mas ela é professora.*
Lui è un gatto (miau!) stupendo!	*Ele é um gato maravilhoso (miau!)!*
È un libro di poesia.	*É um livro de poesia.*
Lei, è medico?	*O senhor é médico?*
Lei, è poetessa?	*A senhora é poetisa?*

Para os pronomes pessoais no plural, as regras são as mesmas para o verbo **essere**. O sujeito determina a forma do verbo.

Siamo in Italia. Dove siete?	*Estamos na Itália. Onde vocês estão?*
Siete a casa? Sì, siamo a casa.	*Vocês estão em casa? Sim, estamos em casa.*
I ragazzi sono a scuola?	*As crianças estão na escola?*
No, sono al teatro.	*Não, elas estão no teatro.*

Exercício Oral 2-3

 FAIXA 20

Ouça as perguntas e leia junto. Em seguida responda-as, usando a forma correta de **essere**. Depois de terminar de responder às perguntas, ouça as respostas no CD.

1. Sei studente o dottore? _____
2. Che giorno è oggi? _____
3. Lei è vegetariana? _____
4. Sei italiano o americano? _____
5. È buono il vino? _____

Exercício Escrito 2-3

Volte às perguntas escritas, as quais pedem formas de **essere**, no singular ou no plural, e preencha com as formas verbais corretas. Confira as respostas no final do livro.

1. _____ voi studenti o medici? Noi _____ medici.
2. Lei _____ intelligente?
3. Lei, signore, _____ fiorentino?
4. Sì, io _____ fiorentino.
5. I bambini _____ a casa? No, _____ a scuola.
6. Loro _____ romani? Sì, _____ romani.
7. I vini siciliani _____ buoni? Sì, alcuni _____ molto buoni.
8. Signori e signore, _____ benvenuti.
9. Paolo e Graziana _____ a teatro?
10. No, loro _____ al museo.

CULTURA SEM MISTÉRIO

Cioè nas Américas

A influência do italiano no espanhol da Argentina é profunda e duradoura. Quando Ernesto Guevara, um jovem médico argentino, foi a Cuba nos anos de 1960, seu espanhol era permeado pela forma preenchedora argentina "che". Ela é tão comum no espanhol argentino quanto "é" ou "né" no português. É uma forma alterada do **cioè** italiano. O uso frequente desse preenchedor fez com que seus amigos o apelidassem de Che.

CAPÍTULO 2   Familiarizando-se

USANDO È COM CI E CIÒ

A palavra de uma letra **è** (*é*) geralmente é combinada com **ci** (*lá*), tornando-se **c'è** (*haver*). Você já usou isso em conversas ao telefone. **C'è Mirella? No, non c'è.** (*A Mirella está? Não, não está.*) O formato plural, **ci sono**, não se contrai.

È também se combina com **ciò** (*isto*) para produzir **cioè** (*isto é*), usado no sentido explicativo. Paolo pergunta a Graziana se ela sabe onde fica sua casa. Ela responde: **Vicino alla Piazza del Pesce, cioè, al Ponte Vecchio.** (*Próximo à Piazza del Pesce, isto é, na Ponte Vecchio.*)

Exercício Escrito 2-4

Complete as sentenças a seguir com a forma correta de **c'è** (*há, há?*), **ci sono** (*há, há?, plural*), ou **cioè** (*isto é*), de acordo com o contexto. Confira as respostas no final do livro.

1. _____ una mostra di Giovanni Fattori al Palazzo Strozzi?
2. Pronto. _____ Luisa?
3. No, Luisa non _____.
4. _____ molti turisti a Firenze in giugno.
5. Mi piacerebbe andare a Roma. _____ al Vaticano.
6. La professoressa è molto intelligente, _____ è brillante.

Puxando Conversa

 FAIXA 21

Ouça o diálogo a seguir, entre Paolo e Graziana. Pause e repita as frases conforme as ouve.

PAOLO: Di dove sei?	*De onde você é?*
GRAZIANA: Sono di Firenze. Anche mia madre è di Firenze; ma il babbo è di Roma.	*Sou de Florença. Minha mãe também é de Florença; mas meu pai é de Roma.*
PAOLO: Mio padre e mia madre sono di Firenze.	*Meu pai e minha mãe são de Florença.*
PAOLO: Che lavoro fai?	*O que você faz?*
GRAZIANA: Faccio la professoressa. Tu?	*Sou professora. E você?*
PAOLO: Faccio il medico.	*Sou médico.*
GRAZIANA: Anche Marisa fa la medico, fa la pediatra. Qual è la tua specializzazione?	*Marisa também é médica, pediatra. Qual é a sua especialização?*

PAOLO: Faccio il chirurgo pediatrico. Ma mi piacerebbe fare il giornalista.
Sou cirurgião pediátrico. Mas queria ser jornalista.

PAOLO: Cosa insegni?
O que você leciona?

GRAZIANA: Insegno letteratura americana.
Leciono literatura americana.

PAOLO: Dove?
Onde?

GRAZIANA: All'università.
Na universidade.

PAOLO: Così, parli inglese.
Então você fala inglês.

GRAZIANA: Certo.
É claro.

PAOLO: Beppe cosa fa?
O que o Beppe faz?

GRAZIANA: Lui sta a casa con le bambine. Ma fa l'autore. Scrive biografie. È famoso.
Ele fica em casa com as crianças. Mas é autor. Ele escreve biografias. É famoso.

PAOLO: Come?
O quê?

GRAZIANA: È famoso. Ma il nome che usa da scrittore è Guglielmo Brancusi.
Ele é famoso. Mas o nome que usa como escritor é Guglielmo Brancusi.

Revisão do Diálogo 2-3

Vero o falso?

_____ 1. Paolo è professore.

_____ 2. Graziana è romana.

_____ 3. Graziana scrive biografie.

_____ 4. Marisa è medica.

_____ 5. Il padre di Paolo è di Firenze.

Exercício Escrito 2-5

Revise a conversa novamente e procure por cognatos. Você consegue encontrá-los? Confira as respostas no final do livro.

_____   _____
_____   _____
_____   _____
_____   _____
_____   _____

CAPÍTULO 2 Familiarizando-se

Exercício Oral 2-4

 FAIXA 22

Ouça as palavras no CD. Pause após cada palavra e a escreva primeiro em italiano, depois em português. Observe a diferença na pronúncia e também na ortografia.

1. _____   _____
2. _____   _____
3. _____   _____
4. _____   _____
5. _____   _____
6. _____   _____
7. _____   _____
8. _____   _____
9. _____   _____
10. _____   _____
11. _____   _____
12. _____   _____
13. _____   _____
14. _____   _____
15. _____   _____
16. _____   _____
17. _____   _____
18. _____   _____
19. _____   _____
20. _____   _____

Fazendo Perguntas

Você já sabe que pode mudar uma afirmação para uma pergunta simplesmente mudando a entonação: "**Beppe fa lo scrittore.**" (*Beppe é escritor.*); "**Beppe fa lo scrittore?**" (*Beppe é escritor?*). Para fazer mais perguntas, precisará de alguns pronomes interrogativos. Nas conversas com perguntas e respostas curtas entre Paolo e Graziana, você já ouviu diversos deles.

Cosa fai? Cosa insegni?	*O que você faz? O que leciona?*
Qual è la tua specializzazione?	*Qual é a sua especialização?*
Come?	*O quê (você disse)?*
Di dove sei?	*De onde você é?*

Exercício Oral 2-5

 FAIXA 23

Ouça as perguntas a seguir e depois as responda. Ouça o CD para escutar algumas respostas de exemplo.

1. Di dove sei? _____
2. Cosa fai? _____
3. Come ti chiami? _____
4. Tu sei studente (studentessa)? _____
5. Sei a casa? _____

PRONOMES INTERROGATIVOS EM ITALIANO

Alguns dos pronomes interrogativos a seguir parecem ter o mesmo significado, mas, assim como no português, há nuances de significado que devem ser levadas em consideração.

Cosa, che cosa e **che** significam *o quê*, por exemplo. **Qual(e)** também significa *o quê*, mas no sentido de *qual*. Paolo pergunta a Graziana: **Cosa fai?** (*O que você faz?*). Ele poderia facilmente ter dito **Che cosa** ou **Che** em vez de **Cosa**. Graziana pergunta a Paolo: **Qual è la tua specializzazione?** (*Qual é a sua especialização?*). Ela está perguntando *qual* dentre as muitas especializações ele pratica. (A palavra **che**, quando não é usada como um pronome interrogativo, também pode significar *que* ou *quem*: **il signore che è famoso** (*o homem que é famoso*), **l'arte che mi piace** (*a arte de que eu gosto*).

Come também significa *o quê*, como as frases familiares a seguir demonstram.

Come?	*O que você disse?*
Come ti chiami?	*Qual é o seu nome? (informal)*
Come si chiama?	*Qual é o seu nome? (formal) Como se chama?*
Com'è?	*Como é algo (alguém)?*

| CAPÍTULO 2   Familiarizando-se | 35 |

Mas se quiser perguntar sobre a saúde de alguém, use **come** para formular essa pergunta:

Come stai?   *Como você está?*

Outros pronomes interrogativos úteis:

Dove?   *Onde?*
Dov'è?   *Onde é/está?* (Observe a contração de sons similares: **dove è** se torna **dov'è**.)
Chi?   *Quem?*
Perchè?   *Por quê?* (Também significa *porque*.)
Quando?   *Quando?*
Quanto?   *Quanto?*

Exercício Oral 2-6

 FAIXA 24

Ouça o pequeno texto a seguir. Leia junto. Pause e repita cada frase. Em seguida, responda às questões. Após terminar, ouça o CD para conferir as respostas. Você também pode verificar as respostas no final do livro.

Paolo fa il medico, anche Marisa fa il medico. Loro sono di Firenze. Beppe lavora a casa. Graziana lavora all'università. Sono amici. Vanno a teatro sabato sera. Il teatro è in Via Verdi. C'è una rappresentazione di «La Bohème», di Giacomo Puccini.

1. Chi va a teatro? _____
2. Dov'è il teatro? _____
3. Come si chiama il medico? _____
4. Dove lavora Beppe? _____
5. Cosa c'è a teatro? _____
6. Chi è il compositore di «La Bohème»? _____
7. Quando vanno a teatro? _____
8. Di dove sono Paolo, Graziana, Marisa e Beppe? _____

Exercício Escrito 2-6

Faça as perguntas a seguir a um novo conhecido, em italiano. Use a forma informal **tu**. Confira as respostas no final do livro.

1. Qual é o seu nome? _____
2. De onde você é? _____

Conversação em Italiano Sem Mistério

3. Você gostaria de ir ao cinema? _____
4. O que você faz? _____
5. Você prefere comer ou tomar café? _____
6. Como você está? _____
7. Você tem que trabalhar? _____
8. Você cozinha? Você sabe cozinhar? _____
9. Você gostaria de visitar Roma? _____
10. Você quer visitar Florença? _____
11. Giovanni Fattori é bom? _____
12. Por que gostaria de visitar Florença? _____
13. O que há lá? _____
14. Onde é o teatro? _____
15. Quem é Annigoni? _____

Descrevendo a Si Mesmo e aos Outros

 FAIXA 25

Ouça a conversa entre Beppe e Marisa. Primeiro, eles falam sobre a exposição de Giovanni Fattori à qual compareceram; depois, falam sobre Graziana e Paolo. Por que Marisa está feliz?

MARISA: Che pittore bravo, Giovanni Fattori.	Que ótimo pintor, Giovanni Fattori.
BEPPE: Sì, sono d'accordo. È unico.	Sim, eu concordo. Ele é único.
MARISA: Di dov'è?	De onde ele é?
BEPPE: Era di Genova, credo.	Ele era de Gênova, eu acho.
MARISA: Sai, preferisco l'opera di Annigoni.	Quer saber, eu prefiro as obras de Annigoni.
BEPPE: Anche lui era bravo. Ma io preferisco Fattori.	Ele também era bom. Mas eu prefiro Fattori.

CULTURA SEM MISTÉRIO

Como a Itália foi invadida e conquistada desde os fenícios até as tribos germânicas e os normandos, não há um tipo físico único ou predominante que represente o italiano, apesar daquilo que as propagandas e os estereótipos possam sugerir.

CAPÍTULO 2 Familiarizando-se

MARISA: Be', Annigoni e Fattori sono ambedue bravi. Allora, fra due settimane andiamo a teatro com Graziana e Paolo.

Bem, Annigoni e Fattori são ambos bons. Então, dentro de duas semanas vamos ao teatro com Graziana e Paolo.

BEPPE: Sono... eh... amici?

Eles são... ahn... amigos?

MARISA: Sì. Lui e lei sono intelligenti, simpatici e – molto importante –non sono sposati.

Sim. Ele e ela são inteligentes, simpáticos e – o mais importante – não são casados.

BEPPE: Tu sei contenta. Perché?

Você está feliz. Por quê?

MARISA: Perché è una coppia deliziosa. E perché sono felici insieme.

Porque eles formam um belo casal. E porque eles estão felizes juntos.

BEPPE: Lui, com'è? E lei?

Como ele é? E ela?

MARISA: Lui è alto, bruno e bello. Intelligente. Come chirurgo è molto bravo, lavora molto. E Graziana fa la professoressa anche molto intelligente. E brava. Lei è bionda, magra, con gli occhi verdi. Insomma, sono persone carine.

Ele é alto, moreno e bonito. Inteligente. Como cirurgião, é muito bom, muito dedicado. E Graziana, uma professora, também é muito inteligente. Excelente. Ela é loira, magra, com olhos verdes. Resumindo, são pessoas queridas.

BEPPE: Lui è di Firenze?

Ele é de Florença?

MARISA: Sì, ed anche lei.

Sim, e ela também é.

Revisão do Diálogo 2-4

Responda às perguntas a seguir. Revise o diálogo se necessário. Você pode conferir as respostas no final do livro.

1. Chi è il pittore che Marisa preferisce? _____

2. Come si chiama l'altro pittore? _____

3. Dove vanno Beppe e Marisa fra due settimane? _____

4. Con chi vanno? _____

5. Paolo è bruno o biondo? _____

6. E Graziana? Bruna o bionda? _____

> **GRAMÁTICA SEM MISTÉRIO**
>
> **Adjetivos**
>
> Em italiano, como você viu, os adjetivos devem concordar em número e gênero com o termo que eles modificam. Adjuntos substantivos, ou nomes usados como adjetivos, no entanto, não mudam. Assim, olhos cor de avelã assumem somente o termo **nocciola**, que se refere às avelãs. Se algo tem cor de limão, então **limone** (um substantivo) permanece igual, quer seja o termo masculino ou feminino, singular ou plural. **Rosa** (*rosa*) nunca muda sua terminação quando usado como adjetivo. Somente adjetivos reais são flexionados. Da mesma forma, termos monossilábicos, como **blu**, nunca têm suas terminações flexionadas.

Usando Adjetivos

Na conversa, Beppe e Marisa falam sobre pintores famosos e sobre Paolo e Graziana. Eles usam adjetivos, e esses adjetivos mostram gênero (masculino ou feminino) e número (singular ou plural) em suas vogais de terminação. A maioria dos adjetivos tem quatro terminações: **o** (masculino singular), **i** (masculino plural), **a** (feminino singular) e **e** (feminino plural). Alguns, geralmente aqueles que denotam nacionalidade, têm somente duas terminações: **e** (masculino e feminino singular) e **i** (masculino e feminino plural).

Paolo é descrito no diálogo como sendo **alto, bruno, bello e intelligente** (todos adjetivos masculinos no singular), enquanto que Graziana é descrita como sendo **bionda** e **magra** (adjetivos femininos no singular). Cada um deles é descrito como sendo **intelligente** (masculino e feminino no singular). Fattori e Annigoni são descritos como sendo ambos **bravi** (masculino no plural).

ADJETIVOS QUE DESCREVEM A APARÊNCIA

Aqui estão alguns adjetivos úteis para descrever pessoas e coisas.

Aparência física

alto,-a	*alto(a)*
antico,-a	*antigo(a) (usado com coisas)*
basso,-a	*baixo(a)*
bello,-a	*bonito(a), lindo(a)*
giovane	*jovem (usado com pessoas)*
grasso,-a	*gordo(a)*
magro,-a	*magro(a)*
piccolo,-a	*jovem, pequeno(a) (usado com pessoas e coisas)*
vecchio,-a	*velho(a) (usado com pessoas)*

CAPÍTULO 2 Familiarizando-se | 39

Um bebê geralmente é amavelmente descrito como **riccio ciccio** (*fofinho com cabelos enrolados*). Já que cabelo é masculino e está no plural, os outros descritores também estarão; o mesmo se aplica aos olhos.

I capelli (*O cabelo*)

bianchi	*branco*	lisci	*liso*
biondi	*loiro*	lunghi	*longo*
bruni	*moreno*	neri	*preto*
castagni	*castanho*	ricci	*enrolado*
corti	*curto*	rossi	*ruivo*

Gli occhi (*Os olhos*)

blu	*azuis*	neri	*pretos*
gialli	*mel*	nocciola	*avelã*
grigi	*cinzas*	verdi	*verdes*

ADJETIVOS QUE DESCREVEM A PERSONALIDADE

Em italiano, você provavelmente descreverá alguém de acordo com o seu caráter ou personalidade usando as seguintes palavras.

brutto,-a	*feio(a)* – acima de tudo, ninguém quer ser conhecido como tendo um **brutto carattere** (*mau caráter*)
buono,-a	*bom/boa*
cattivo,-a	*ruim*
contento,-a	*contente*
felice	*feliz*
intelligente	*esperto(a), inteligente*
simpatico, -a	*simpático(a)*
sincero, -a	*sincero(a)*
spiritoso,-a	*engraçado(a)*
timido,-a	*tímido(a)*

Para perguntar sobre alguém ou algo, a maneira óbvia é usar **Com'è?** (*Como é uma pessoa ou coisa?*). Por exemplo:

Com'è Graziana?	*Como é Graziana?*
È simpatica.	*É simpática.*

Exercício Escrito 2-7

Descreva as pessoas ou coisas a seguir, usando pelo menos quatro adjetivos do vocabulário anterior. Inclua tanto características físicas como de caráter. Assegure-se de fazer a concordância de número e gênero com a pessoa ou a coisa que você está descrevendo. Por exemplo:

> Com'è la professoressa? <u>È brava, intelligente, vecchia e simpatica.</u> (*Os adjetivos femininos no singular concordam com o termo feminino no singular **professoressa**.*)

> Com'è il medico? <u>È dedicato, giovane, bravo e bello com gli occhi verdi.</u> (***Medico** é masculino e singular; seus olhos estão no masculino plural.*)

1. Com'è il presidente degli Stati Uniti? _____
2. Com'è Graziana? _____
3. Com'è Paolo? _____
4. Com'è il padre di Graziana? _____
5. Com'è un gatto? _____
6. Com'è la tua casa? _____

Exercício Oral 2-7

 FAIXA 26

Agora, ouça e leia as descrições a seguir de pessoas e coisas e tente identificá-las. Confira as respostas no final do livro.

1. Chi sono io? Sono (relativamente) giovane, nero, magro, alto, intelligente e importante. Sono americano. Abito a Washington ma sono di Chicago. Sono politico.

   _____

2. Chi sono io? Sono un ragazzo italiano. In principio, non ero vero o vivo, ma ero la creazione del babbo, Geppetto. Ho un naso che può essere molto lungo. Ho un gatto che si chiama Figaro e un amico che è la mia coscienza e che si chiama Grilletto.

   _____

3. Che cosa sono? Sono una cosa da mangiare. Sono italiana. Sono semplice e fondamentale alla cucina italiana. Mi può mangiare con il ragù. Ho molte forme e molti nomi.

   _____

CAPÍTULO 2 Familiarizando-se

Diário: Escrita Direcionada

Esta curta entrada do diário deve ser escrita todos os dias, até que o vocabulário e as formas se tornem naturais para você.

Oggi è _____, il

  (l') _____ _____.

Fa _____ tempo.

Oggi vorrei _____.

Como sono io? (*Como eu sou?*) Sono (*Sou*) _____.

  _____. _____.

Io mi chiamo *(Eu me chamo)* _____.

TESTE RÁPIDO

Circule a letra da palavra ou frase que melhor completa cada sentença.

1. Le donne _____ a casa oggi.

   (a) a siete

   (b) è

   (c) sono

2. _____, signor Galupi.

   (a) Ciao

   (b) Buon giorno

   (c) Salve

3. _____ è il politico più famoso del mondo?

   (a) Che

   (b) Chi

   (c) Cosa

4. Mi piacerebbe visitare la _____ professoressa.

   (a) vecchio

   (b) vecchi

   (c) vecchia

5. _____ lui? Simpatico?

   (a) Com'è

   (b) Come

   (c) Come mai

6. Dove _____ molti turisti? A Venezia? A Roma?

   (a) c'è

   (b) ci sono

   (c) siete

7. Tu _____ vegetariano?

   (a) sei

   (b) sono

   (c) è

8. Lei ha gli occhi _____ e i capelli _____

   (a) noccioli, blu

   (b) blu, castagno

   (c) verdi, grigi

9. Giovanni Fattori e Pietro Annigoni sono _____

   (a) preti

   (b) pittori

   (c) politici

10. I contrari (*opostos*) delle seguenti parole sono: bello/ _____, buono / _____, giovane / _____, grasso / _____, bianco / _____.

CAPÍTULO 3

Vida Cotidiana

Neste capítulo, você verá:

Planejando o Dia
Usando avere
Realizando Tarefas
Comprando o Jantar Fora
Usando piacere

Fazendo Planos para o Dia

 FAIXA 27

As conversas a seguir acontecem na mesa do café da manhã. Beppe e Marisa estão planejando as atividades do dia. O que suas filhas farão após a escola?

BEPPE: Oggi, siccome è il 31, devo andare alla banca ed anche a pagare le bollette della luce, del gas, e dell'acqua. Hai bisogno di qualcosa dal centro?

MARISA: Sì, puoi andare alla tintoria? Ho un sacco di abiti che sono pronti.

BEPPE: La tintoria o la lavanderia?

MARISA: La tintoria.

BEPPE: Senz'altro. A che ora torni stasera?

MARISA: Be', ho un appuntamento alle 7,00 (sette). Posso ritornare verso le 9,00 (nove).

BEPPE: Allora, io posso prendere le ragazze a scuola. Hanno lezioni stasera?

MARISA: Sì, Francesca e Paola, tutt'e due, hanno lezioni di ballo. Ricordi?

BEPPE: Certo. Ok. Mercoledì, la danza; lunedì, la musica; sabato, il calcio. Giovedì… hanno qualcosa giovedì?

MARISA: No, sono libere il giovedì.

BEPPE: A che ora?

MARISA: Dalle 5,00 (cinque) alle 7,00 (sette).

BEPPE: Devo preparare la cena?

MARISA: Se vuoi. O invece posso andare alla rosticceria. Loro hanno cose buonissime. Cosa vuoi mangiare?

BEPPE: Stasera… boh… non lo so. Un pollo arrosto con patate e un altro contorno? Ma perché non vado io? Tu hai abbastanza da fare.

MARISA: Va bene. Forse un'insalata. Ma hai tempo libero, cioè tempo per lavorare?

BEPPE: Sì. Non vado in centro fino alle 11,00 (undici).

Hoje, como é dia 31, preciso ir ao banco e também pagar as contas de luz, gás e água. Você precisa de alguma coisa do centro?

Sim, você poderia ir à tinturaria? Tenho um monte de roupas que estão prontas.

À tinturaria ou à lavanderia?

À tinturaria.

Certo. A que horas você estará em casa hoje à noite?

Bem, eu tenho um compromisso às 19h. Posso estar em casa por volta das 21h.

Então posso buscar as meninas na escola. Elas têm aula hoje à noite?

Sim, Francesca e Paola, as duas têm aula de dança. Está lembrado?

É claro. OK. Quarta-feira, dança; segunda-feira, música; sábado, futebol. Quinta-feira... Elas têm alguma coisa às quintas-feiras?

Não, estão livres às quintas.

A que horas?

Das 17h às 19h.

Devo preparar o jantar?

Se você quiser. Ou, em vez disso, posso ir àquele lugar que vende comida para viagem. A comida é muito boa. O que você gostaria de comer?

Essa noite... eu não sei. Frango assado e batatas com outro acompanhamento? Mas por que não vou eu? Você tem muita coisa para fazer.

Tudo bem. Talvez uma salada. Mas você tem tempo livre, ou tempo para trabalhar?

Sim. Não vou ao centro até as 11h.

CAPÍTULO 3 Vida Cotidiana

45

Revisão do Diálogo 3-1

Responda às perguntas a seguir com **vero** ou **falso** (verdadeiro ou falso), sobre o diálogo entre Beppe e Marisa. Confira as respostas no final do livro.

_____ 1. Beppe e Marisa vanno in ufficio insieme.

_____ 2. Marisa torna a casa e prepara da mangiare.

_____ 3. Stasera la famiglia mangia in una rosticceria.

_____ 4. Beppe porterà le ragazze da scuola alle lezioni.

_____ 5. Gli abiti di Beppe sono pronti.

_____ 6. Beppe paga le bollette in centro.

CULTURA SEM MISTÉRIO

Esportes e *Hobbies*

No diálogo, é possível ver que as garotas se ocupam com atividades após a escola. No geral, esportes e *hobbies* não são oferecidos pelas escolas, mas sim por clubes locais e cursos especializados (que oferecem música, dança, tênis, golfe, por exemplo). Academias estão se tornando cada vez mais populares para treinamentos individuais. O esporte em grupo mais comum, é claro, é o futebol (**il calcio**), embora o futebol americano (**il futbol americano)** e o basquete (**il pallacanestro**) também sejam bastante populares. A Itália é famosa por outros esportes profissionais – ciclismo, corrida de carros, beisebol, apenas para mencionar alguns. Quem nunca ouviu falar de carros como Alfa Romeo, Ferrari, Lamborghini e Maserati? Ou de marcas de bicicleta como Colnago? As crianças aproveitam os clubes esportivos locais e, inclusive, têm uma semana de folga da escola durante o inverno (**la settimana bianca**) para praticarem esqui.

VOCABULÁRIO SEM MISTÉRIO

Cognatos

Há vários cognatos usados na conversa entre Beppe e Marisa: **banca** (*banco*), **musica** (*música*), **danza** (*dança*), **preparare** (*preparar*), **centro** (*centro*). Fique atento a eles em conversas e exercícios futuros.

Usando *avere*

Avere é um dos três verbos mais úteis do italiano, sendo que os outros são **essere** (Capítulo 2) e **fare** (Capítulo 5). Ele é conjugado da seguinte forma:

Singular		Plural	
io ho	*eu tenho*	noi abbiamo	*nós temos*
tu hai	*você tem*	voi avete	*vocês têm*
lui (lei) ha	*ele (ela) tem*	loro hanno	*eles têm*
Lei ha	*o Sr/a Sra. tem*	Loro hanno	*vocês (formal) têm*

Originalmente, **avere** significa *ter*. No diálogo, Beppe pergunta: **Hai bisogno di qualcosa?** (*Você precisa de [tem necessidade de] alguma coisa?*). Marisa responde: **Ho un sacco di abiti...** (*Tenho um monte de roupas...*). Ela também diz: **Ho un appuntamento** (*Tenho um compromisso.*). As garotas **hanno lezioni** (*têm aulas*). E o restaurante **hanno cose buonissime** *(tem coisas muito boas).*

Mais exemplos com **avere**:

Tu hai una famiglia grande o piccola?	*Você tem uma família grande ou pequena?*
Io ho due figli.	*Eu tenho dois filhos.*
Hai un animale domestico?	*Você tem um animal de estimação?*
Io ho due gatti (miau) e un cane.	*Eu tenho dois gatos e um cachorro.*
Luigi ha un libro di poesia.	*Luigi tem um livro de poesias.*
Loro hanno una bella casa?	*Eles têm uma casa bonita?*
Sì, hanno una casa bellissima.	*Sim, eles têm uma bela casa.*

Exercício Oral 3-1

 FAIXA 28

Ouça e leia as perguntas e depois as responda, usando a forma correta de **avere**. Você pode ouvir as respostas corretas no CD.

1. Il presidente degli Stati Uniti, ha un cane?
2. Tu hai bisogno di mangiare?
3. Beppe ha molto da fare?
4. L'Italia ha una buona cucina?
5. Francesca e Paola hanno molte lezioni?

CAPÍTULO 3   Vida Cotidiana

Exercício Escrito 3-1

Todas as perguntas a seguir requerem formas do verbo **avere**. Preencha com as formas verbais corretas, de acordo com o sujeito. Você pode conferir as respostas no final do livro.

1. Oggi è il 31 e io _____ bisogno di pagare le bollette.
2. Marisa _____ molti appuntamenti.
3. Loro _____ lezioni quasi tutti i giorni.
4. Beppe _____ un po' di tempo libero oggi.
5. Noi _____ molti abiti alla tintoria.
6. Tu _____ un nuovo libro di poesia?
7. Io non _____ un gatto; _____ due cani.
8. Lei e lui _____ una casa molto bella.
9. Voi _____ compiti (*lição de casa*)?
10. Tu _____ molto tempo libero.

VOCABULÁRIO SEM MISTÉRIO

Prefixos

Frequentemente, a adição da letra **s** como um prefixo transforma uma palavra em seu oposto. Por exemplo, **comodo** (*confortável*) se torna **scomodo** (*desconfortável*); **cortese** (*cortês*) se torna **scortese** (*rude*); **fortunato** (*sortudo*) se torna **sfortunato** (*azarado*). **Graffiti** não precisa de explicação, já que o termo foi adotado em português; mas **sgraffiti** é um termo histórico da arte que se refere a desenhos gravados nas partes externas dos edifícios.

Da mesma forma, **stra** pode mudar o significado de uma palavra, funcionando do mesmo modo que *extra* no português, **ordinario** (*ordinário, comum*) se torna **straordinario** (*extraordinário*); e **cotto** (*cozido*) se torna **stracotto** (*cozido em demasia*).

Realizando Tarefas

 FAIXA 29

Ouça a passagem a seguir. Leia junto, pausando após cada sentença para repetir em italiano.

Beppe leva Francesca e Paola à escola, depois volta para casa, onde ele passa a manhã trabalhando. Às 11h, pega o ônibus para ir ao centro, onde realizará algumas tarefas. Aonde Beppe está indo?

Beppe prende il bus numero 23 per andare in banca. Ha il biglietto, comprato all'edicola. Arriva in centro alle 11,30 (undici e trenta). Va direttamente in banca per ritirare dei soldi. Poi va alla tintoria. Ma che errore! Ha i vestiti di Marisa quando va alla posta. Molto scomodo! All'ufficio postale (la posta) paga le bollette, in contanti. Poi torna a casa.
Beppe toma o ônibus número 23 para ir ao banco. Ele tem a passagem, comprada na banca de jornal. Chega ao centro às 11h30min. Vai direto ao banco para tirar dinheiro. Depois, vai à tinturaria. Que erro! Ele está carregando as roupas de Marisa quando vai ao correio. Muito desconfortável! No correio, ele paga as contas, em dinheiro. Depois vai para casa.

Revisão do Diálogo 3-2

Responda às perguntas a seguir. Leia a passagem novamente se necessário. Você pode conferir as respostas no final do livro.

CULTURA SEM MISTÉRIO

Tarefas Diárias

Os serviços públicos na Itália são relativamente caros e, em propriedades alugadas, o custo geralmente está incluso. O telefone quase sempre é calculado separadamente e é cobrado bimestralmente. Os números de telefone permanecem nos endereços, então, uma propriedade alugada com um telefone pode ter uma pequena caixa, uma **scatola**, que mede o tempo de uso. Essa pode ser uma maneira de manter o controle do uso do telefone, já que as contas não vêm com as ligações discriminadas. Hoje em dia, é claro, os telefones celulares são uma alternativa barata às linhas próprias e podem ser encontrados para venda até mesmo em aeroportos internacionais.

Estabelecimentos de lavanderia e tinturaria são abundantes e geralmente oferecem um serviço rápido (ou seja, com devolução dentro de 24 horas). As cidades grandes também têm lavanderias com autoatendimento.

A troca de dinheiro requer um documento de identificação, geralmente um passaporte para quem não é italiano. A taxa de câmbio e a comissão (taxa para trocar dinheiro) podem variar tremendamente de um banco para o outro, e de uma casa de câmbio para a outra. É melhor usar caixas eletrônicos, já que eles são ligados ao mercado de Londres e têm as melhores taxas cambiais.

1. Dove va Beppe? _____
2. Ha il biglietto per il bus? _____
3. Perché va in banca? _____
4. Come paga le bollette? _____
5. Cosa porta all'ufficio postale? _____

CAPÍTULO 3 Vida Cotidiana 49

Em seguida, coloque as atividades abaixo na ordem cronológica.

Torna a casa.   Va alla tintoraria.   Va in banca.
Prende il bus. Va all'ufficio postale.

6. _____

7. _____

8. _____

9. _____

10. _____

Exercício Oral 3-2

 FAIXA 30

Preencha os espaços em branco no diálogo a seguir, usando as conversas de Beppe com diversos atendentes e o banco de palavras abaixo como guia. Confira as respostas no final do livro.

| Chicago | Arrivederci | Mi dica | Ha | Passaporto |
| cambiare | da | c'è | Buon giorno | è |

TU: Buon giorno.

COMMESSO: (1) _____.

TU: Vorrei (2) _____ dei soldi, per favore.

COMMESSO: Bene. (3) _____ un documento, un passaporto?

TU: Sì, ecco il (4) _____.

COMMESSO: Lei (5) _____ americano?

TU: Sì, sono di (6) _____.

COMMESSO: Vanno bene pezzi (7) _____ 50 Euro?

TU: Sì, credo di sì. (8) _____, c'è qua vicino un ufficio postale?

COMMESSO: Infatti. All'angolo, a sinistra. (9) _____ l'ufficio postale.

TU: Grazie, arrivederci.

COMMESSO: (10) _____.

Comprando o jantar fora

 FAIXA 31

Ouça a conversa entre Beppe, Francesca e Paola. As garotas têm lição de casa? Beppe as apanha às 19h na aula de dança. Eles estão no carro indo para a **rosticceria**.

BEPPE: Ciao, belle!	Oi, belas!
FRANCESCA, PAOLA: Ciao, babbo!	Oi, papai!
FRANCESCA: Babbo, sai cosa? Ho un nuovo libro. Guarda.	Papai, quer saber? Tenho um livro novo. Olhe.
BEPPE: Amore, non posso guidare e guardure allo stesso momento, Fammelo vedere a casa.	Querida, não posso dirigir e olhar ao mesmo tempo. Mostre-me em casa.
PAOLA: Dove andiamo? Non è la strada di casa.	Aonde estamos indo? Esse não é o caminho para casa.
BEPPE: È una sorpresa.	É uma surpresa.
PAOLA: Mi piacciono le sorprese.	Eu gosto de surpresas.
FRANCESCA: Dov'è la mamma?	Onde está a mamãe?
BEPPE: Ha un appuntamento. Noi andiamo in rosticceria.	Ela tem um compromisso. Vamos ao restaurante.
PAOLA: Non è una sorpresa.	Isso não é surpresa.
BEPPE: Avete compiti?	Vocês têm lição de casa?
PAOLA, FRANCESCA: Sì, purtroppo.	Sim, infelizmente.
FRANCESCA: Io preferisco leggere il mio nuovo libro. Non mi piacciono i compiti.	Eu prefiro ler meu livro novo. Não gosto de lição de casa.
BEPPE: Ma sono necessari.	Mas é necessário.
FRANCESCA: Perché?	Por quê?
BEPPE: Emm... perché... perché... Eccoci qua in rosticceria. Cosa volete mangiare? Va bene un bel pollo arrosto con contorni di patate e spinaci?	Hum... porque... porque... chegamos ao restaurante. O que vocês querem comer? Frango assado com batatas e espinafre está bom?
PAOLA: Non mi piacciono gli spinaci. Hanno fagiolini?	Eu não gosto de espinafre. Eles têm feijão?
BEPPE: Credo di sì.	Acho que sim.

CAPÍTULO 3 Vida Cotidiana 51

FRANCESCA: Possiamo ordinare un dolce? Torta della nonna?

Podemos pedir sobremesa? Bolo?

PAOLA: Sì, Babbo, per favore. Abbiamo bisogno di un dolce. Abbiamo molti compiti e abbiamo bisogno di energia.

Sim, papai, por favor. Precisamos de sobremesa. Temos muita lição de casa e precisamos de energia.

Revisão do Diálogo 3-3

Volte ao diálogo e procure cognatos. É possível encontrar pelo menos quatro deles.

1. _____   3. _____

2. _____   4. _____

Em seguida, responda às perguntas a seguir com **vero** ou **falso** (verdadeiro ou falso). Ouça o diálogo novamente se necessário.

_____ 1. Francesca ha un nuovo libro.

_____ 2. Beppe ha un appuntamento.

_____ 3. Francesca e Paola hanno compiti.

_____ 4. Francesca dice: Mi piacciono le sorprese!

_____ 5. Francesca, Paola e Beppe sono strada a casa.

_____ 6. Paola non vuole mangiare gli spinaci.

CULTURA SEM MISTÉRIO

Comendo Fora

No diálogo anterior, Beppe e as garotas vão a um restaurante chamado de **rosticceria**. Essa é uma maneira barata de comprar uma refeição completa para viagem (**da portar via**). Uma **tavola calda** e um **self-service** (geralmente seguindo o estilo de uma cafeteria) também servem comida pronta barata, mas raramente oferecem serviço de viagem. Nos últimos anos, pizzarias começaram a oferecer entregas em domicílio. Refeições tradicionais, entretanto, ainda são encontradas em uma **trattoria** ou em um **ristorante** (o primeiro é mais barato que o último), e até mesmo em alguns cafés. Lanches estão disponíveis em bares e *pubs*. Surpreendentemente boas e bastante baratas são as **mense** (*cafeterias*), tanto para trabalhadores como para estudantes. Também há mercearias em grandes e pequenas cidades, onde é possível montar uma refeição agradável por preços variados. Pecks, em Milão, e Pegna, na Florença (ambas próximas às suas respectivas catedrais), estão entre as mais famosas.

Usando *piacere*

Piacere é o infinitivo do verbo *gostar*. Talvez você se lembre dele como um substantivo, que significa *é um prazer conhecê-lo*. Com esse verbo, são usadas somente as formas **piace** (*é agradável*) ou **piacciono** (*são agradáveis*) e o pronome **mi**. Se você gosta (ou não gosta) de uma coisa, diz **mi piace** (ou **non mi piace**); para mais de uma coisa, **mi piacciono** (**non mi piacciono**). Por exemplo: **Mi piace il libro. Non mi piace il libro. Mi piace la casa. Non mi piace lavorare.** Essas são todas coisas no singular de que você gosta. Para mais de uma coisa, os exemplos são: **Mi piacciono i cani. Non mi piacciono i bambini piccoli. Mi piacciono i gatti e i cani.**

Lembrando que usamos somente **piace** e **piacciono** para expressar gostos; o pronome que precede essas formas indica quem gosta – ou seja, identifica o sujeito. Em seguida, vem o verbo. Observe que, embora o pronome possa variar, o verbo permanece ou no singular ou no plural, dependendo daquilo de que se gosta.

[io] mi piace, mi piacciono	*eu gosto*
[tu] ti piace, ti piacciono	*você gosta*
[lui] gli piace, gli piacciono	*ele gosta*
[lei] le piace, le piacciono	*ela gosta*
[Lei] Le piace, Le piacciono	*o Sr/a Sra. gosta*
[noi] ci piace, ci piacciono	*nós gostamos*
[voi] vi piace, vi piacciono	*vocês gostam*
[loro] gli piace, gli piacciono	*eles gostam*
[Loro] gli piace, gli piacciono	*os senhores/as senhoras gostam*

Por exemplo:

Mi piace leggere.	*Eu gosto de ler.*
Ti piace leggere?	*Você gosta de ler?*
Gli piace leggere.	*Ele gosta de ler.*
Le piacciono i bambini.	*Ela gosta de crianças.*
Le piace viaggiare, signora?	*Gosta de viajar, senhora?*
Ci piace leggere.	*Nós gostamos de ler.*
Gli piace studiare le lingue.	*Eles gostam de estudar idiomas.*

CAPÍTULO 3 Vida Cotidiana

53

Exercício Escrito 3-2

Diga se você gosta ou não gosta do que consta na lista abaixo. Assegure-se de usar **piace** para o singular e **piacciono** para o plural. Exemplos: **I compiti? No, non mi piacciono. Il dolce? Sì, mi piace.**

1. la biografia: _____

2. lunedì: _____

3. il gelato: _____

4. le lasagne: _____

5. gli zucchini: _____

6. Puccini: _____

7. le belle arti: _____

8. la pizza: _____

9. il sarcasmo: _____

10. le sorprese: _____

Diário: Escrita Direcionada

Esta breve entrada no diário deve ser escrita todos os dias, até que o vocabulário e as formas se tornem naturais para você. Revise os meses, dias e números no Capítulo 1.

Oggi è _____, il (l') _____

_____.

Fa _____ tempo.

Oggi vorrei _____.

Come sono io? Sono _____, _____,

_____.

Io mi chiamo _____.

Mi piacciono (*eu gosto*) _____, _____,

_____.

TESTE RÁPIDO

Circule a letra da palavra ou frase que melhor completa cada sentença. Confira as respostas no final do livro.

1. Perché oggi è il 31, Beppe deve _____.
    - (a) preparare la cena
    - (b) scrivere
    - (c) andare in centro

2. Marisa ha un appuntamento _____.
    - (a) la mattina
    - (b) il pomeriggio
    - (c) la sera

3. Francesca e Paola vanno alle lezioni di _____ dopo scuola.
    - (a) calcio
    - (b) danza
    - (c) religione

4. Noi _____ due gatti splendidi.
    - (a) abbiamo
    - (b) mangiamo
    - (c) siamo

5. Mi _____ i libri di poesia.
    - (a) piacciono
    - (b) piaccio
    - (c) piace

6. Posso pagare le bollette della luce e del gas _____.
    - (a) alla tintoria
    - (b) alla banca
    - (c) all'ufficio postale

CAPÍTULO 3 Vida Cotidiana

7. Ho bisogno di _____ per cambiare soldi.

   (a) mi biglietto

   (b) un passaporto

   (c) una bolletta

8. Lei ha _____ o preferisce pagare con Bancomat?

   (a) contanti

   (b) cantanti

   (c) cuccioli

9. Francesca e Paola _____ bisogno di studiare.

   (a) hai

   (b) hanno

   (c) ha

10. I contrari delle seguenti parole sono: piccolo /_____; sì / _____; comodo/ _____; nuovo / _____; destra /_____; fortunato /_____.

CAPÍTULO 4

Expressando Aquilo Que Você Gosta e o Que Não Gosta

Neste capítulo, você verá:

Discutindo sobre Aquilo Que Você Gosta e o Que Não Gosta
Expressando Estados Emocionais e Físicos com avere
Descrevendo Sentimentos
Fazendo Comparações

Discutindo Sobre Aquilo Que Você Gosta e o Que Não Gosta

Ouça Paolo e Graziana discutindo seus planos para o dia. Eles vão passar o sábado juntos. Estão tomando café e comendo torta, vendo o jornal e tentando decidir o que fazer durante o dia. Aonde eles acabam indo?

GRAZIANA: Cosa vorresti fare oggi? C'è una scelta incredibile.	*O que você quer fazer hoje? Há opções incríveis.*
PAOLO: Boh. Mi piacerebbe andare al cinema. C'è un nuovo film di Benigni. Ma fa bel tempo. Meglio stare fuori.	*Eu não sei. Queria ir ao cinema. Há um novo filme de Benigni. Mas o tempo está bom. Melhor fazer alguma coisa ao ar livre.*
GRAZIANA: Possiamo andare al mercato.	*Poderíamos ir ao mercado.*
PAOLO: Che bell'idea! C'è il mercato di antichità in Piazza Ciompi. Mi piacciono i negozi là.	*Que boa ideia! Tem o mercado de antiguidades na Piazza Ciompi. Eu gosto das lojas de lá.*
GRAZIANA: OK. E poi, c'è un ristorante vicino al mercato che vorrei provare.	*OK. E depois tem um restaurante próximo ao mercado que eu queria experimentar.*
PAOLO: Quale ristorante?	*Qual restaurante?*
GRAZIANA: Si chiama… non ricordo il nome. Ma so dov'è.	*Ele se chama... Eu não lembro o nome. Mas sei onde é.*
PAOLO: Com'è?	*Como ele é?*
GRAZIANA: È piccolo con un menu toscano. Non è caro. Ha una cucina casalinga favolosa.	*É pequeno e tem um menu toscano. Não é caro. Tem uma cozinha caseira maravilhosa.*
PAOLO: E poi stasera?	*E à noite?*
GRAZIANA: Poi stasera possiamo andare al cinema. Ti piacciono i film di Benigni?	*Depois, à noite, podemos ir ao cinema. Você gosta dos filmes de Benigni?*
PAOLO: Sì, mi piacciono molto. Ma mi piace anche la lirica.	*Sim, gosto muito. Mas também gosto de ópera.*
GRAZIANA: Anche a me. C'è una rappresentazione di «Rigoletto» al Teatro Communale.	*Eu também. Tem uma apresentação de* Rigoletto *no Teatro Communale.*
PAOLO: Vediamo se ci sono biglietti.	*Vamos ver se tem entradas.*
GRAZIANA: O possiamo sempre restare a casa.	*Ou sempre podemos ficar em casa.*
PAOLO: Sì, è una possibilità.	*Sim, é uma possibilidade.*

Revisão do Diálogo 4-1

Responda as perguntas a seguir com verdadeiro (**vero**) ou falso (**falso**). Revise o diálogo se necessário. Verifique as respostas no final do livro.

_____ 1. Oggi è sabato.

_____ 2. Ci sono molte cose da fare.

CAPÍTULO 4   Expressando Aquilo Que Você Gosta...

_____ 3. A Graziana piace il mercato in Piazza Ciompi.

_____ 4. Il ristorante offre una cucina regionale.

_____ 5. Non c'è una lirica al Teatro Communale.

Exercício Escrito 4-1

Considerando as muitas opções disponíveis, Graziana e Paolo escolhem passear ao ar livre durante o dia. Quais atividades você prefere? Responda às perguntas a seguir a partir das opções oferecidas.

1. Quando fa bel tempo, preferisci andare al cinema, andare al mercato di pulci o andare al parco? Io preferisco _____.

2. Preferisci il cinema o la lirica? Io preferisco _____.

3. Preferisci mangiare a casa o in un bel ristorante?
   Io preferisco _____.

4. Preferisci i film di Benigni o le opere liriche di Verdi?
   Io preferisco _____.

Exercício Oral 4-1

 FAIXA 33

Descubra o que você e um amigo fariam em um dia livre. Junte informações fazendo as perguntas a seguir, depois de traduzi-las para o italiano. Em seguida, ouça as perguntas no CD e responda-as.

1. O que você gostaria de fazer?

2. Você prefere ir ao cinema ou a um museu?

3. Podemos ir ao mercado?

4. Você gosta de comer em restaurantes novos?

5. Como está o tempo?

6. Há muitos turistas no Museo Civico?

7. Há um filme novo que você gostaria de ver?

8. Você gosta dos Futuristas? Há um espetáculo.

9. Há um teatro por perto?

10. Que horas é a ópera?

Exercício Oral 4-2

 FAIXA 34

Nos Capítulos 2 e 3, você aprendeu a usar **essere** e **avere**. Ouça as descrições a seguir, que usam esses verbos; leia conforme ouve e repita sentença por sentença em italiano. Em seguida, aponte o que está sendo discutido. Confira as respostas no final do livro.

1. Questa città non ha strade tradizionali, ma canali pieni di acqua. Ha l'architettura bizantina ma anche occidentale. Ci sono molti ponti qui. Quale città è? _____.

2. È un libro italiano – vecchio vecchio – che parla di Firenze, dell'amore, dell'inferno, del purgatorio e del paradiso. Ci sono personaggi "veri" – cioè Beatrice, Vergile, Giulio Cesare, Ulisse e Dante Alighieri. Come si intitola? _____.

3. È un uomo fiorentino, un chirurgo. Compra molti libri. Sa cucinare (infatti il padre e proprietario di un ristorante). Secondo Marisa, e intelligente e simpatico, alto, bruno e bello. Come si chiama? _____.

4. E una donna molto famosa. È italo-americana. Oggi (almeno) ha i capelli biondi. Canta. Scrive. Ha svolto il ruolo di Evita nel film dello stesso nome. Il suo nome vero è Louise Veronica Ciccone. Chi è? _____.

Expressando Estados Emocionais e Físicos com *avere*

Embora **avere** signifique *ter*, também pode expressar o sentido de *ser/estar* quando combinado com substantivos específicos, como é o caso da maioria dos idiomas latinos. A lista a seguir apresenta usos comuns desse verbo.

avere... anni	*ter... anos (idade)*	avere paura di	*ter medo de*
avere bisogno di	*precisar*	avere ragione	*ter razão*
avere caldo	*ter/estar com calor*	avere sete	*ter/estar com sede*
avere fame	*ter/estar com fome*	avere sonno	*ter/estar com sono*
avere freddo	*ter/estar com frio*	avere torto	*estar errado*
avere fretta	*ter pressa*	avere voglia di	*ter vontade de*

Eis alguns exemplos:

Hai fame? Sì, ho fame da lupo.   *Você está com fome? Sim, estou faminto.*

Ho bisogno di dormire.   *Eu preciso dormir.*

Lui ha voglia di viaggiare.   *Ele quer viajar.*

CAPÍTULO 4 Expressando Aquilo Que Você Gosta...

Noi abbiamo fretta! Siamo in ritardo. *Estamos com pressa! Estamos atrasados.*

I bambini hanno sonno. *As crianças estão com sono.*

Voi avete paura dei cani? *Você tem medo de cães?*

Embora **avere** seja conjugado normalmente, de acordo com o sujeito, os substantivos (**fame**, **sete** etc.) não variam.

Exercício Escrito 4-2

Consultando a lista anterior e a conjugação de **avere** no Capítulo 3, responda às perguntas a seguir.

1. Hai paura dei cani grossi? _____.
2. Quanti anni hai? _____.
3. È vero? Lui ha ragione? _____.
4. Hai sete? _____.
5. Hai bisogno di qualcosa? _____.
6. Dopo cena, hai sonno? _____.
7. Cosa preferisci mangiare quando hai fame? _____.
8. In estate, hai caldo o freddo? _____.
9. La mattina, hai fretta? _____.
10. Hai voglia di andare in Italia? _____.

Descrevendo Sentimentos

 FAIXA 35

Ouça o diálogo a seguir entre Beppe e suas filhas.

BEPPE: Buon giorno, care. Avete dormito bene? *Bom dia, queridas. Vocês dormiram bem?*

FRANCESCA: Babbo, ciao! Sì come un ghiro. *Oi, papai! Sim, como um anjo (literalmente, como um esquilo).*

PAOLA: Io, no. E ho sonno. Devo proprio andare a scuola? Non ne ho voglia. *Eu não. E estou com sono. Tenho que ir à escola hoje? Não estou com vontade.*

BEPPE: Sì, cara. Devi andare a scuola. *Sim, querida. Você tem que ir à escola.*

FRANCESCA: Ho fame e sete. *Estou com fome e com sede.*

PAOLA: Anch'io ho fame.	*Também estou com fome.*
BEPPE: Be', c'è cioccolato caldo e un toast.	*Bem, tem chocolate quente e misto-quente.*
FRANCESCA: Ummm. Babbo, oggi è giovedì, no? Ho bisogno di una felpa.	*Hummm. Papai, hoje é quinta-feira, certo? Preciso de um suéter.*
PAOLA: Babbo, sai che non mi piace il toast. Posso mangiare biscotti o cereale o frutta?	*Papai, você sabe que eu não gosto de misto-quente. Posso comer biscoitos, cereal ou fruta?*
BEPPE: Sì, tesoro. Puoi mangiare cereale e frutta. Francesca, perché hai bisogno di una felpa?	*Sim, querida. Pode comer cereal e fruta. Francesca, por que você precisa de um suéter?*
FRANCESCA: Perchè andiamo al parco. Ed io ho sempre freddo.	*Porque vamos ao parque. E eu sempre sinto frio.*
PAOLA: Ho paura del parco.	*Eu tenho medo do parque.*
BEPPE: Perché?	*Por quê?*
PAOLA: Perché ci sono cani grossi là.	*Porque tem cachorros grandes lá.*
BEPPE: Hai ragione. Ci sono molti cani grossi. Ma non devi averne paura. Sono simpatici.	*Você está certa. Há muitos cachorros grandes. Mas você não precisa ter medo deles. Eles são bons.*
FRANCESCA: Tu, Paola. quanti anni hai? Perché hai paura dei cani?	*Paola, quantos anos você tem? Por que você tem medo de cachorros?*
PAOLA: Perché i cani non sono simpatici.	*Porque os cachorros não são bons.*
FRANCESCA: Hai torto! Devi avere pazienza con loro. Non avere fretta. Sono amichevoli.	*Você está errada! Tem que ter paciência com eles. Não tenha pressa. Eles são amigáveis.*
PAOLA: Preferisco i gatti. A proposito, Mamma, posso avere un gatto?	*Eu prefiro gatos. Aliás, mamãe, posso ter um gato?*

Revisão do Diálogo 4-2

A partir do diálogo, o que você aprendeu sobre Francesca e Paola? Liste três coisas que aprendeu sobre cada uma. Por exemplo, Francesca dormiu bem (**come un ghiro**) e Paola não gosta de misto-quente (**toast**).

Francesca   **Paola**

1. _____   1. _____

2. _____   2. _____

3. _____   3. _____

CAPÍTULO 4 Expressando Aquilo Que Você Gosta...   63

VOCABULÁRIO SEM MISTÉRIO

Ne

Dentre todas as palavras de duas letras em italiano, **ne** é uma das mais usadas e uma das mais difíceis de dominar. É impossível traduzi-la diretamente para o português, mas pode significar *deles, dele, daí*. Por exemplo: **Quanti figli ha?** **Ne ha due.** (*Quantos filhos ele tem? Ele tem dois [deles].*) **Francesca non ne ha paura.** (*Francesca não tem medo [disso].*) **Il padre di Paolo viene da Siena; ne viene.** (*O pai de Paolo é de Siena; ele é de lá.*) É uma daquelas palavras às quais você deve prestar atenção, mas não se preocupar demais. Seu uso vem com o tempo e com a exposição ao idioma.

Exercício Escrito 4-3

Imagine três adjetivos que se aplicam a cada uma das garotas. Faça uma descrição física de cada uma delas, usando os adjetivos que aprendeu no Capítulo 2. Por exemplo: **Francesca è più vecchia**. (*Francesca é mais velha.*)

Francesca

1. _____

2. _____

3. _____

Paola

1. _____

2. _____

3. _____

Exercício Escrito 4-4

Usando tudo o que você aprendeu até agora, descubra o que puder sobre um novo amigo. Faça as perguntas a seguir, depois de tê-las traduzido para o italiano, usando a forma informal **tu**. (Perguntas marcadas com um asterisco utilizam **avere**.) As traduções são encontradas nas Respostas, no final do livro. As respostas podem variar.

1. Qual é o seu nome? _____

2. Quantos anos você tem?* _____

3. Você tem medo de animais?* _____

4. De onde você é? _____

5. Você está com fome?* _____

6. Você está com sono?* _____

7. Você gosta de comer? _____

8. Você está com frio ou com calor?* _____

CULTURA SEM MISTÉRIO

O Sistema Educacional Italiano

A escola pública na Itália é dividida em **la scuola elementare** (ensino fundamental, que começa aos 6 anos, e continua por cinco séries), **la scuola media** (ensino médio, três séries) e **il liceo** (colegial, cinco séries). Os colegiais são especializados e incluem o **liceo scientifico** (especialização científica), **classico** (clássico), **linguistico** (idiomas) e **istituti** (institutos para professores ou para vocações técnicas). Alguns colegiais são especializados em artes (**il liceo artistico**), em música (**il conservatorio di musica**) ou em drama (**l'accademia nazionale d'arte drammatica**). É extremamente difícil mudar de escola depois de ter feito uma escolha. No final do colegial, os alunos fazem exames nacionais que determinam se eles seguirão para a universidade.

9. Você sabe cozinhar? _____

10. Qual é o seu número de telefone? _____

11. Você está sempre com pressa?* _____

12. Você gosta de filmes? _____

13. Você tem um cachorro ou um gato?* _____

14. Você gosta de Roma? _____

15. Você prefere Roma, Florença, Veneza ou Milão? _____

16. Você gosta de ópera? _____

17. Você tem uma família grande ou pequena?* _____

18. Você gosta do café italiano? _____

19. Que tipo de livro você prefere? _____

20. Vamos ao parque? _____

Fazendo Comparações

FAIXA 36

Paola e Francesca estão sendo competitivas no diálogo a seguir. Elas estão discutindo características emocionais e físicas. Ouça o uso de **più** (*mais*) e **meno** (*menos*).

CAPÍTULO 4 Expressando Aquilo Que Você Gosta... 65

FRANCESCA: Ho molto sonno. Più di te.

Estou com muito sono. Mais que você.

PAOLA: No, io ho molto, molto sonno. Più di te.

Não, eu estou com muito, muito sono. Mais que você.

FRANCESCA: OK. Noi due abbiamo sonno. È vero. Però, io ho anche fame.

OK. Nós duas estamos com sono. É verdade. Mas eu também estou com fome.

PAOLA: Io ho molta fame, una fame da lupo.

Eu estou com muita fome. Uma fome de leão.

FRANCESCA: Ho più anni di te. Ho 10 (dieci) anni e tu hai soltanto 8 (otto).

Eu sou mais velha que você. Eu tenho 10 anos e você só tem 8.

PAOLA: Vero, ma io sono più simpatica.

É verdade, mas eu sou mais legal.

FRANCESCA: Eh? Sono più alta, più intelligente, più carina.

É? Eu sou mais alta, mais inteligente e mais bonita.

PAOLA: Io invece ho più libri e più amici.

Eu, por outro lado, tenho mais livros e mais amigos.

FRANCESCA: No, non è possibile. Hai pochi libri e molti giocattoli. Insomma, sei molto giovane.

Não, não é possível. Você tem poucos livros e muitos brinquedos. Resumindo, você é muito nova.

PAOLA: Hai torto! Tu sei antipatica.

Você está errada. Você não é legal.

FRANCESCA: Ma sì, sei una bimba. Hai perfino paura dei cani.

Ah sim, você é um bebê. Tem até medo de cachorros.

PAOLA: Soltanto i cani grossi. Mi piacciono più i gatti.

Só dos grandes. Gosto mais de gatos.

FRANCESCA: Hai voglia di trovar una gatta, vero?

Você queria ter um gato, certo?

PAOLA: Da morire!

Eu morreria para ter um.

FRANCESCA: Ho un'amica di scuola che ha gattini.

Eu tenho uma amiga na escola que tem filhotes.

PAOLA: Possiamo averne uno?

Podemos ficar com um deles?

FRANCESCA: La mamma non ce lo permetterebbe.

A mamãe não deixaria.

PAOLA: Perché non glielo chiediamo?

Por que não pedimos a ela?

FRANCESCA: No, ma ho una boun'idea. Se arrivo a casa con un bel gattino, ecco fatto. Se non chiediamo, non può dire di no…

Não, mas eu tenho uma boa ideia. Se chegarmos em casa com um gatinho bonitinho, não tem discussão. Se nós não pedirmos, ela não pode dizer não…

PAOLA: Sei molto furba, più furba di me.

Você é muito esperta, mais esperta que eu.

Revisão do Diálogo 4-3

Responda às perguntas a seguir, revisando o diálogo se necessário. Verifique as respostas no final do livro.

1. Chi delle sorelle è più vecchia? _____
2. Chi ha voglia di trovare un gatto? _____
3. Chi ha fame da lupo? _____
4. Chi crede di essere più intelligente? _____
5. Chi è meno furba? _____
6. Chi ha molti giocattoli e pochi libri? _____

INDICANDO MAIS E MENOS, MUITO E POUCO

Ao comparar características de uma pessoa ou coisa, usa-se o **che** para separar os adjetivos: **Io sono più intelligente che ricca.** (*Eu sou mais inteligente do que rica.*) Mas, ao comparar duas pessoas ou coisas, usa-se o **di** para separar as características: **Tu sei più alto di me.** (*Você é mais alto do que eu.*) Para falar sobre quantidades, muito ou pouco, muitos ou poucos, use **molto** ou **poco**, que, por serem adjetivos, devem concordar em número e gênero com os itens em discussão: **molto tempo libero** (*muito tempo livre*), **poco tempo libero** (*pouco tempo livre*), **molta carne** (*muita carne*), **molti turisti** (*muitos turistas*), **pochi libri** (*poucos livros*), **molte ragazze** (*muitas garotas*), **poche case** (*poucas casas*). **Molto** e **poco** também podem servir como advérbios; nesse caso, eles não variam: **lei è molto bella** (*ela é muito bonita*); **c'è molto poco** (*tem muito pouco*).

A distinção é simples: **più** (*mais*) e **meno** (*menos*). Os problemas simples de matemática a seguir permitem que as duas formas sejam usadas. Por exemplo:

1 + 3 = 4   uno più tre fa quattro
4 - 2 = 2   quattro meno due fa due

Exercício Oral 4-3

 FAIXA 37

Repita os problemas a seguir em voz alta. Depois, ouça-os no CD.

1. 5 + 7 = 12
2. 11 – 6 = 5
3. 30 – 2 = 28
4. 2 + 12 = 14
5. 1 + 18 = 19
6. 8 + 8 = 16
7. 3 + 20 = 23
8. 24 – 18 = 6
9. 23 – 15 = 8
10. 9 + 1 = 10

CAPÍTULO 4   Expressando Aquilo Que Você Gosta...

NÚMEROS DE 30 PARA CIMA

No Capítulo 1, apresentamos os números de 1 a 31. Aqui estão alguns números mais altos:

40	quaranta	90	novanta
50	cinquanta	100	cento
60	sessanta	1.000	mille
70	settanta	2.000	duemila
80	ottanta	1.000.000	milione

Observe que o plural de **mille** (*1.000*) é **mila** (*dois mil ou mais*). Expressar números mais altos em italiano é simples. Eles são construídos sequencialmente, adicionando o número menor ao número maior, como em português. Por exemplo:

2	due
22	ventidue
322	trecentoventidue
1.322	milletrecentoventidue
5.322	cinquemilatrecentoventidue
105.322	centocinquemilatrecentoventidue
1.105.322	milionecentocinquemilatrecentoventidue

VOCABULÁRIO SEM MISTÉRIO

Contando Séculos

Para fins históricos e da história da arte, os séculos são referidos da seguinte maneira: em vez de dizer o **quattordicesimo secolo** (ou *décimo quarto século*), usa-se o nome do ano: por exemplo, **il '200**, **il Duecento** (*os anos de 1200*), **il '300**, **il Trecento** (*os anos de 1300*), e assim por diante, até os anos 1900. O século catorze, ou os anos de 1300, seria chamado de '**300**, ou **il Trecento**. A Alta Renascença é referida como **il '500** (*ou os anos de 1500*), por exemplo.

Exercício Oral 4-4

 FAIXA 38

Diga as datas a seguir em voz alta e depois as ouça no CD.

1492   1861   1848   1776   1517   1265

Diário: Escrita Direcionada

Esta breve entrada no diário deve ser escrita todos os dias, até que o vocabulário e as formas se tornem naturais para você. Revise os meses, dias e números no Capítulo 1.

Oggi è _____, il (l') _____ _____.

Fa _____ tempo.

Oggi vorrei _____.

Come sono io? Sono _____, _____,

_____.

Io mi chiamo _____.

Mi piacciono _____, _____, _____.

TESTE RÁPIDO

Escolha a resposta correta para cada uma das perguntas a seguir. Confira as respostas no final do livro.

1. Francesca e Paola vanno _____.

    (a) al cinema

    (b) alla lirica

    (c) al parco

2. Mi _____ il film «La vita e bella».

    (a) piacio

    (b) piace

    (c) piacci

3. _____ pochi turisti in novembre.

    (a) C'è

    (b) Ci sono

    (c) Cioè

4. Mangio una bella pizza quando _____ fame.

    (a) hai

    (b) ha

    (c) ho

CAPÍTULO 4   Expressando Aquilo Que Você Gosta...   69

5. Paola ha paura dei _____ .

   (a) turisti

   (b) cani

   (c) gatti

6. Io sono _____ alta che grassa.

   (a) più

   (b) molto

   (c) tanto

7. Luigi _____ sempre ragione.

   (a) ha

   (b) hanno

   (c) abbiamo

8. Ventitré meno quattordici fa _____ .

   (a) undici

   (b) trentanove

   (c) nove

9. Marisa _____ molto bella.

   (a) ha

   (b) sei

   (c) è

10. A Paolo e Graziana _____ la lirica.

    (a) piacciono

    (b) preferisce

    (c) piace

CAPÍTULO 5

As Comidas da Itália

Neste capítulo, você verá:

Recebendo os Amigos para o Jantar
Usando o Verbo fare
Jantando Fora
Comendo na Itália – Comidas Regionais
Mais Verbos

Recebendo os Amigos para o Jantar

 FAIXA 39

Marisa e Beppe convidaram Graziana e Paolo para jantar em sua casa. As garotas vão passar a noite com os avós no campo. O que está no menu? Ouça o diálogo, pausando para repetir cada frase.

PAOLO: Che bella tavola! Pranziamo qui, in giardino?

Que mesa linda! Nós vamos comer aqui, no jardim?

MARISA: Grazie. Sì, quando fa bel tempo, pranziamo qui fuori. Io credo che faccia bene. Poi dopo possiamo fare due passi se volete.

Obrigada. Sim, quando o tempo está bom, nós comemos aqui fora. Eu acredito que faz bem. Então, depois do jantar podemos fazer uma caminhada, se vocês quiserem.

GRAZIANA: Bell'idea. Io quasi sempre faccio due passi dopo cena. Ho una nuova macchina fotografica e forse posso fare delle foto.

Ótima ideia. Eu quase sempre caminho após o jantar. Eu tenho uma câmera nova, talvez eu possa tirar umas fotos.

PAOLO: Ma dove sono le ragazze? E Beppe?

Mas onde estão as garotas? E Beppe?

MARISA: Le ragazze sono dai nonni. Fanno loro visita, quasi ogni settimana. E Beppe è al telefono. Ma arriva.

As garotas estão na casa dos avós. Elas os visitam quase toda semana. E Beppe está ao telefone. Mas ele está vindo.

GRAZIANA: So che tu sei una brava cuoca, Marisa. Cosa mangiamo stasera?

Eu sei que você é uma boa cozinheira, Marisa. O que vamos comer essa noite?

MARISA: È un pranzo tradizionale, semplice. Per primo, tagliatelle al limone. Per secondo, salmone al burro e salvia e verdura. Poi dell' insalata verde. Come dolci, per le ragazze ho preparato salame al cioccolato e siccome loro non lo hanno mangiato tutto – un miracolo – abbiamo il salame e dei cantucci con il vin santo.

É uma refeição tradicional e simples. Para o primeiro prato, macarrão ao limão. Para o segundo, salmão com sálvia, manteiga e vegetais. Depois, uma salada. Como sobremesa, eu fiz biscoitos de chocolate para as garotas e elas não comeram tudo – um milagre; temos os biscoitos e pãezinhos com vinho.

GRAZIANA: Io adoro salame al cioccolato! Il mio biscotto preferito. Posso fare qualcosa?

Eu adoro biscoitos de chocolate! Meu biscoito favorito. Posso fazer alguma coisa?

MARISA: No, grazie. Ecco Beppe. Possiamo cominciare.

Não, obrigada. Ah, aqui está Beppe. Podemos começar.

CAPÍTULO 5 As Comidas da Itália 73

CULTURA SEM MISTÉRIO

Provérbios

Os provérbios geralmente revelam atitudes e inclinações culturais, e aqueles relacionados à comida e à alimentação são abundantes em italiano. Comida e refeições, ou um jantar entre amigos, permanecem sendo um aspecto central da vida italiana. Provérbios e expressões comuns relacionados à comida incluem:

A tavola non si invecchia.	*À mesa, ninguém envelhece.*
L'appetito vien mangiando.	*O apetite vem ao comer.*
È buono come il pane.	*Ele é bom feito pão.*
Pancia vuota non sente ragioni.	*De estômago vazio, não se raciocina.*
Brutto come la fame.	*Feio como a fome.*

Revisão do Diálogo 5-1

Responda às perguntas, revisando o diálogo se necessário.

1. Dove sono le ragazze? _____

2. Cosa gli amici fanno dopo pranzo? _____

3. Chi ha una nuova macchina fotografica? _____

4. Che tipo di pasta mangiano? _____

5. C'è un dolce? _____

Usando o Verbo *fare*

Dentre todos os verbos em italiano, **fare** pode muito bem ser o mais onipresente. Sozinho, ele significa *fazer*. Como você verá, no entanto, ele pode ser usado para qualquer coisa, de comprar ingressos a comer, de tirar fotografias a tomar um banho, de discutir o tempo a ir ao mercado. (Uma lista extensa de expressões que contêm **fare** pode ser encontrada no Anexo B.) Em sua conversa, Marisa, Paolo e Graziana usam o verbo para expressar diversas coisas: **quando fa bel tempo** (*quando o tempo está bom*), **fa bene** (*é bom para você*), **fare due passi** (*dar uma caminhada*), **fare delle foto** (*tirar fotos*).

74 Conversação em Italiano Sem Mistério

Fare é conjugado como mostrado a seguir:

Singular		Plural	
io faccio	*eu faço*	noi facciamo	*nós fazemos*
tu fai	*você faz*	voi fate	*vocês fazem*
lui (lei) fa	*ele (ela) faz*	loro fanno	*eles fazem*
Lei fa	*o Sr/a Sra. faz*	Loro fanno	*vocês (formal) fazem*

Exercício Escrito 5-1

Faça uma lista de todos os usos de **fare** no diálogo. Primeiro, escreva-os e, em seguida, assegure-se de saber seus significados. Confira as respostas no final do livro.

1. _____ 4. _____

2. _____ 5. _____

3. _____ 6. _____

Em seguida, responda às perguntas a seguir.

7. Ti piace fare delle fotografie? _____

8. Fai due passi dopo cena? _____

9. Quando hai fame, cosa fai? _____

10. Fa bene mangiare in giardino? _____

11. Quando fa bel tempo, tu, cosa fai? _____

Exercício Escrito 5-2

As sentenças a seguir usam **fare** com cognatos e um vocabulário com o qual você já está familiarizado. Você consegue apontar os significados? Se precisar, consulte o Anexo B para ver as definições, ou confira as respostas no final do livro.

1. fare una telefonata _____

2. fare il biglietto _____

3. fare una visita _____

4. fare un favore _____

5. fare prima colazione _____

6. fare bella figura _____

7. fare una brutta figura _____

8. fa bene _____

9. fa male _____

10. Non si fa. _____

| CAPÍTULO 5   As Comidas da Itália | 75 |

Jantando Fora

 FAIXA 40

Beppe, Marisa, Paolo e Graziana vão se reunir à noite. Eles vão sair para jantar em um restaurante que Paolo escolheu. Antes de se encontrarem, Marisa faz uma reserva por telefone.

RISTORANTE: Pronto?	*Alô?*
MARISA: Pronto, buon giorno. Vorrei fare una prenotazione per stasera.	*Alô. Bom dia. Eu gostaria de fazer uma reserva para esta noite.*
RISTORANTE: Sì, a che ora?	*Sim, a que horas?*
MARISA: Verso le 8,30 (otto e mezza), se c'è posto.	*Aproximadamente 8h30min, se houver disponibilidade.*
RISTORANTE: Per quante persone?	*Para quantos?*
MARISA: Quattro. Siamo in quattro.	*Quatro. Somos quatro.*
RISTORANTE: Va bene. Il cognome, per favore.	*Tudo bem. O sobrenome, por favor.*
MARISA: Bicci – Bologna, Ischia, Cremona, Cremona, Ischia.	*Bicci – Bologna, Ischia, Cremona, Cremona, Ischia.*
RISTORANTE: Allora, quattro alle otto e mezza. A stasera. Buon giorno.	*Quatro, então, às 8h30min. Até a noite. Tchau.*
MARISA: Grazie, buon giorno.	*Tchau.*

AL RISTORANTE (*NO RESTAURANTE*)

Os quatro amigos estão sentados a uma mesa em um restaurante um tanto elegante próximo ao centro da cidade. O garçom chega e, depois de olharem o cardápio, os quarto começam a fazer seus pedidos. Como anfitrião, Paolo fala pelo grupo no início.

CAMERIERE: Buona sera.	*Boa noite.*
TODOS: Buona sera.	*Boa noite.*
CAMERIERE: Da bere?	*Alguma coisa para beber?*
PAOLO: Un litro di acqua naturale. E vorrei ordinare una bottiglia di Prosecco con una selezione di crostini.	*Um litro de água natural. E eu queria pedir uma garrafa de Prosecco com uma seleção de aperitivos de crostini.*
CAMERIERE: Subito. Poi per primo?	*Imediatamente. E para a entrada?*
GRAZIANA: Io vorrei tortelli di patate.	*Eu quero tortelli recheado com batata.*
MARISA: Io, invece, le lasagne al forno.	*Eu, por outro lado, a lasanha ao forno.*
BEPPE: Posso avere mezza porzione delle lasagne?	*Posso pedir meia porção da lasanha?*

CAMERIERE: Certo.	*Claro.*
PAOLO: Ed io, gli gnocchi ai quattro formaggi. Per il secondo, ci pensiamo poi.	*E eu vou querer o gnocchi aos quatro queijos. Quanto ao prato principal, vamos pensar um pouco.*
MARISA: Prosecco? Festeggiamo qualcosa?	*Prosecco? Estamos celebrando alguma coisa?*
PAOLO: Sì. Graziana ed io ci sposiamo.	*Sim, Graziana e eu vamos nos casar.*
MARISA: Che bella sorpresa! Tanti auguri!	*Que bela surpresa! Parabéns!*
BEPPE: Auguroni!	*Tudo de bom!*
MARISA: Quando sono le nozze?	*Quando é o casamento?*
GRAZIANA: Probabilmente in ottobre.	*Provavelmente em outubro.*

CULTURA SEM MISTÉRIO

Soletrando Nomes em Italiano

Para soletrar nomes em italiano, normalmente se utilizam os nomes das cidades para representar as letras. Assim, Marisa usa os nomes de três cidades para soletrar Bicci. Isso ajuda a evitar erros de grafia. O nome Silva, por exemplo, seria soletrado como Salerno, Ischia, Livorno, Venezia, Ancona. Em vez de depender de se lembrar dos nomes das cidades que representam as letras do seu nome, é conveniente escrever seu nome com a ajuda de um mapa moderno da Itália.

Revisão do Diálogo 5-2

Responda às perguntas a seguir. Revise o diálogo se necessário. Confira as respostas no final do livro.

1. Dove fanno cena i quattro amici? _____
2. Cosa prendono da bere? _____
3. Tutti mangiano un primo? _____
4. Cosa festeggiano? _____
5. Quando si sposano? _____

CAPÍTULO 5 As Comidas da Itália 77

Exercício Oral 5-1

FAIXA 41

Ouça novamente os diálogos das Faixas 39 e 40. Em seguida, decida se as afirmações a seguir são **vero** ou **falso** (verdadeiras ou falsas). Confira as respostas no final do livro.

_____ 1. Gli amici fanno pranzo da Beppe e Marisa.

_____ 2. Le ragazze sono a scuola.

_____ 3. Graziana ha una nuova macchina fotografica.

_____ 4. Mangiano in cucina.

_____ 5. Non mangiano un dolce.

_____ 6. Beppe e Marisa si sposano.

_____ 7. I quattro amici hanno una prenotazione per le 9,30 (nove e mezza).

_____ 8. Paolo ordina vari crostini.

Exercício Escrito 5-3

Usando **fare** como o verbo escolhido, passe as sentenças a seguir para o italiano. Confira as respostas no final do livro.

1. O tempo está bom._____

2. Ele janta no jardim. _____

3. Eles sempre caminham após o jantar._____

4. Ela está tirando fotos. _____

5. Nós visitamos a família todos os domingos._____

6. Luísa está dando um telefonema. _____

7. Estou comprando entradas. _____

8. Faz mal a você. _____

9. Você me faria um favor? _____

10. Não faça isso! _____

Comendo na Itália – Comidas Regionais

 FAIXA 42

Paolo e Graziana estão planejando um passeio culinário para dois amigos que vão visitar a Itália. Esses amigos chegarão em outubro. Paolo e Graziana estão discutindo aonde ir e o que comer com eles.

PAOLO: Cara, quando arrivano Jake e Beatrice? E davvero, si chiama Jake? Non è di origine italiana?

GRAZIANA: Arrivano il 20 (venti) ottobre. Sì, è italo-americano e professore d'italiano. Ma evidentemente il nome Giacomo è troppo difficile per gli americani e lui usa Jake.

PAOLO: Non è neanche lo stesso nome. Noi possiamo usare Giacomo, no?

GRAZIANA: Certo. "Paese che vai, usanza che trovi."

PAOLO: Allora, lui insegna italiano. Lei, cosa fa?

GRAZIANA: Beatrice fa il capocuoco, uno chef, ad un ristorante italiano. E ha voglia di conoscere tuo padre.

PAOLO: Glielo presento molto volentieri.

GRAZIANA: Vogliono visitare ristoranti che servono piatti tipici. E preferiscono andare in campagna. Hanno solo due settimane.

PAOLO: Benone. Possiamo andare alla Sagra del Tartufo a Sant'Angelo in Vado; c'è anche una sagra del cinghiale e quella dei tortelli di patate nel Casentino. E il bel ristorante del mio amico nel Chianti dove preparano piatti etruschi... E...

GRAZIANA: ... e quella vigna vicino ad Arezzo dove producono olive e olio e vino.

PAOLO: Devono mangiare una bistecca alla fiorentina... e devono andare al mercato centrale. Oh, c'è troppo da fare. Purtroppo fanno un giro breve.

Querida, quando Jake e Beatrice chegam? O nome dele é realmente Jake? Ele não é de origem italiana?

Eles chegam em 20 de outubro. E, sim, ele é ítalo-americano e é professor de italiano. Mas evidentemente o nome Giacomo é muito difícil para os americanos, por isso, ele usa Jake.

Nem ao menos é o mesmo nome. Podemos usar Giacomo, certo?

É claro. "Quando em Roma, faça como os romanos."

Então, ele ensina italiano. E o que ela faz?

Beatrice é cozinheira-chefe, uma chef, *em um restaurante italiano. E ela gostaria de conhecer o seu pai.*

Eu o apresentarei a ela com prazer.

Eles querem visitar os restaurantes que servem comida típica. E preferem ir para o campo. Eles têm apenas duas semanas.

Muito bem. Podemos ir ao festival de trufas de Sant'Angelo, em Vado; e tem um festival de javali e outro de tortelli de batata no Casentino. E o belo restaurante que o meu amigo tem no vale Chianti, onde eles preparam pratos etruscos... E...

... e aquele vinhedo próximo a Arezzo, onde eles produzem azeitonas, azeite e vinho.

Eles têm que comer um bife à florentina... e têm que ir ao mercado central. Ah, há muito a fazer. Infelizmente, eles farão uma viagem curta.

CAPÍTULO 5 As Comidas da Itália 79

GRAZIANA: Sai, c'è una rivista molto bella che parla di tutti i ristoranti d'Italia. Posso comprarne una domani in edicola.

Sabe, há uma revista muito bonita que fala sobre todos os restaurantes da Itália. Posso comprar uma amanhã no quiosque.

CULTURA SEM MISTÉRIO

Os Rituais ao Comer

Na Itália, há, tradicionalmente, cinco refeições diárias: **la prima colazione** (*o café da manhã*) é uma refeição leve, formada de café e uma massa; **le undici** (*a refeição das onze*), um aperitivo tomado por volta das 11h; **colazione** ou **pranzo**, a refeição principal do dia, na hora do almoço, formada por três pratos; **la merenda** (*o chá ou o lanche*), por volta das 17h, com chá e massas; e **la cena** (*o jantar),* a qualquer horário a partir das 20h até muito mais tarde da noite, sendo uma refeição mais leve que o **pranzo**. Às vezes, o jantar é formado por **gli avanzi** (*as sobras*) do almoço. Conforme as mulheres entraram no mercado de trabalho, esses horários mudaram um pouco; as limitações de horário fizeram com que uma refeição farta no horário do almoço passasse a ser um luxo. Ainda assim, em casa, geralmente há um primeiro prato de massa, arroz, sopa ou polenta, seguido pelo prato principal; e, em todos os restaurantes, é possível pedir quantos pratos quiser, começando com um **antipasto** (*antepasto*) e terminando com um **digestivo** (*licor*) após a sobremesa. O horário por volta da **la merenda** geralmente é um horário em que as pessoas também saem para tomar sorvete. As pessoas sempre começam a refeição dizendo **Buon appetito!** (*Bom apetite!*). Você pode responder repetindo ou dizendo **Altrettanto!** (*O mesmo para você!*).

Revisão do Diálogo 5-3

Responda às perguntas sobre o diálogo, ouvindo-o novamente se necessário. Confira as respostas no final do livro.

1. Come si chiamano gli amici americani? _____

2. Quando arrivano in Italia? _____

3. Cosa fa lui? _____

4. Cosa fa lei? _____

5. Dove ci sono sagre? _____

6. Cosa producono in una vigna? _____

Exercício Escrito 5-4

Há mais de doze cognatos no diálogo, alguns que você já viu antes. Quantos consegue encontrar?

1. _____   7. _____
2. _____   8. _____
3. _____   9. _____
4. _____   10. _____
5. _____   11. _____
6. _____   12. _____

COMIDAS ITALIANAS

A Itália é famosa por sua cozinha. Das diversas massas e molhos às sobremesas, ou do primeiro prato ao último, a comida é tão variada quanto a sua geografia. As regiões têm suas próprias especialidades, baseadas geralmente naquilo que sempre está disponível. Por exemplo: tomates no sul, arroz no norte. A mesma comida pode ter nomes diferentes, dependendo da região: **uno spuntino** e **un tramezzino** são ambos *lanches*. Os nomes dos peixes mudam a aproximadamente cada 10 quilômetros pela extensa costa da Itália, e as massas assumem diferentes formatos, que podem variar de acordo com a região, e com muitos molhos. Alguns termos e vocabulário básicos que podem ser úteis são apresentados a seguir.

Primi (*Entradas*)

minestra, zuppa	*sopa*
polenta	*polenta*
ragù rosso, ragù bianco	*molho vermelho, molho branco*
risotto	*arroz*

Secondi (*Pratos principais*)

Carni (*Carnes*)

		Pesce (*Peixe*)	
agnello	*cordeiro*	branzino	*robalo*
anitra	*pato*	calamaretti	*lula pequena*
cinghiale	*javali*	cozze	*mexilhão*
coniglio	*coelho*	gamberi, scampi	*camarão*
manzo	*bife*	pesce spada	*peixe espada*
piccione	*pombo*	trota, salmone	*truta, salmão*
vitello	*vitela*	vongole	*marisco*

CAPÍTULO 5 As Comidas da Itália   81

Contorni (*Acompanhamentos – vegetais ou saladas*)

Verdura (*Vegetais*)

carciofi	*alcachofra*	olive	*azeitona*
cipolle	*cebola*	patate	*batata*
fagioli	*feijão branco*	pepperoni	*pimentões vermelhos,*
fagiolini	*vagem*		*verdes e amarelos*
fior di zucchini	*flor de abobrinha*	pomodori	*tomates*
insalata mista, verde	*salada mista, ou apenas alface*	porri	*alho-poró*
		spinachi	*espinafre*
melanzane	*berinjela*	zucchini	*abobrinha*

Frutta (*Frutas*)

castagne	*castanhas*	pera	*pera*
ciliege	*cerejas*	pesca	*pêssego*
mela	*maçã*	uva	*uva*

Dolci *(Sobremesas)*

Há diversas sobremesas disponíveis, embora as frutas frescas geralmente sejam uma boa opção. A coisa mais fácil é pedir para ver o cardápio de sobremesas e então apontar.

Se possível, vá aos mercados locais: é a melhor maneira de ver o que está disponível. É perfeitamente aceitável pedir para provar, mas você não deve de jeito nenhum pegar ou tocar no que lhe é oferecido. O atendente é que escolhe por você.

CULTURA SEM MISTÉRIO

Gli etruschi (*Os etruscos*)

Os etruscos, povos que viviam na Península Itálica, de origem incerta, formavam uma sociedade altamente desenvolvida, que ofereceu a Roma muitas de suas tradições. Eles se estabeleceram entre o terceiro milênio a.C. e 509 a.C, quando conquistaram Roma. Entre seus legados estão o planejamento urbano, as técnicas artísticas, incluindo os afrescos e incríveis esculturas em bronze, a toga e as sandálias. Há muitos locais etruscos a serem visitados, o que inclui muitas sepulturas. Próximo a Bolonha, no entanto, nas cercanias da cidadezinha de Marzabotto, famosa por sua história trágica durante a Segunda Guerra Mundial, fica uma cidade etrusca e um pequeno e extremamente bem recomendado museu. O idioma dos etruscos ainda não foi completamente decifrado.

Mais Verbos

Para fins práticos, há três principais categorias de verbos no italiano. Elas são distinguidas por suas terminações de três letras: **-are**, **-ere** e **-ire**. A última categoria tem uma forma um tanto "alterada", conhecida como **-isc**, já que introduz essas letras em suas conjugações. Exemplos dos verbos usados neste livro estão listados no Anexo B. Muitos são cognatos. Para conjugar os verbos, remova as três últimas letras características e adicione as terminações que refletem o sujeito do verbo. A seguir, estão os exemplos conjugados; mais verbos irregulares são conjugados no Anexo B.

parlare (*falar*)	**scrivere** (*escrever*)	**dormire** (*dormir*)	**capire (-isc)** (*entender*)
io parl**o**	io scriv**o**	io dorm**o**	io cap**isco**
tu parl**i**	tu scriv**i**	tu dorm**i**	tu cap**isci**
lui, lei parl**a**	lui, lei scriv**e**	lui, lei dorm**e**	lui, lei cap**isce**
noi parl**iamo**	noi scriv**iamo**	noi dorm**iamo**	noi cap**iamo**
voi parl**ate**	voi scriv**ete**	voi dorm**ite**	voi cap**ite**
loro parl**ano**	loro scriv**ono**	loro dorm**ono**	loro cap**iscono**

Nossa vida é facilitada pelo fato de que as terminações no tempo presente para as formas **io**, **tu** e **noi** são iguais para todos os tipos verbais. As terminações para as formas com **voi** refletem a vogal característica do infinitivo.

Exercício Oral 5-2

 FAIXA 43

Ouça a passagem a seguir. Leia, ouça o CD e repita cada sentença. Em seguida, responda às perguntas e ouça as respostas no CD. Convém revisar os diálogos do capítulo antes de começar.

> C'è una professoressa di letteratura americana che si chiama Graziana Bicci. È molto brava. Ha una piccola famiglia a Firenze. Il suo fidanzato si chiama Paolo Franchini. Lui fa il chirurgo. Si sposano in ottobre. A loro piace andare al museo, fare due passi, pranzare con gli amici e leggere libri. Hanno amici americani (si chiamano Jake e Beatrice) che arrivano in Italia in ottobre. Gli amici fanno un giro culinario. La miglior amica di Graziana si chiama Marisa. Marisa è sposata. Ha due figlie, Francesca e Paola, di dieci e otto anni. Il marito si chiama Beppe. Tutte queste persone sono giovani, simpatiche e intelligenti.

1. Cosa fa Graziana?
2. Dove vivono Graziana, Beppe, Marisa e Paolo?
3. Quando si sposano Graziana e Paolo?
4. Da dove arrivano gli amici?

CAPÍTULO 5   As Comidas da Itália

5. Che tipo di giro fanno gli amici americani?
6. Quante figlie ha Marisa?
7. Come si chiama il marito di Marisa?
8. Come sono queste persone?

Diário: Escrita Direcionada

Esta breve entrada no diário deve ser escrita todos os dias, até que o vocabulário e as formas se tornem naturais para você. Preste atenção à leitura final deste diário, já que há novas entradas.

Oggi è _____, il
  (l') _____ _____.

Fa _____ tempo.

Oggi vorrei _____.

Come sono io? Sono _____, _____,
_____.

Io mi chiamo _____.

Mi piacciono _____, _____,
_____.

Per colazione, mi piace mangiare (*Para o café da manhã, eu gosto de comer*)
_____.

TESTE RÁPIDO

 FAIXA 44

Leia as palavras a seguir. Em seguida, ouça a conversa, lendo junto, e preencha os espaços em branco numerados com as palavras apresentadas. Confira as respostas no final do livro.

bene   dispiace   prenotare   Roma   stasera

Voz 1: Buona sera, Vorrei (1) _____ un tavolo per quattro persone per le nove, (2) _____.

Voz 2: Mi (3) _____. Per le nove non è possibile. Va (4) _____ per le nove e mezza?

Voz 1: Sì. Il cognome è Garda – Genova Ancona (5) _____ Domodossola Ancona.

Agora, escolha a resposta correta às perguntas a seguir.

6. Lui è buono come il pane e _____ sempre bella figura.

   (a) fai

   (b) fanno

   (c) fa

7. La ragazza _____ molte fotografie.

   (a) fai

   (b) fa

   (c) fo'

8. Io vado allo sportello del teatro per _____ i biglietti.

   (a) faccio

   (b) fare

   (c) fanno

9. Dopo cena, cosa _____ i nonni?

   (a) fanno

   (b) fai

   (c) faccio

10. Gli amici fanno colazione _____ .

    (a) in chiesa

    (b) in ufficio

    (c) in giardino

TESTE DA PARTE UM

Circule a letra da palavra ou frase que melhor responde à pergunta ou completa a sentença. As respostas estão no final do livro.

1. Come stai oggi?

    (a) Bene.

    (b) Buono.

2. Vorrei _____ una pizza.

    (a) mangiare

    (b) viaggiare

3. Oggi è _____.

    (a) novembre

    (b) lunedì

4. Per vedere la mostra di un pittore, vado _____.

    (a) al museo

    (b) a teatro

5. Loro _____ simpatici.

    (a) siamo

    (b) sono

6. _____ il teatro?

    (a) Dove

    (b) Dov'è

7. _____ dei due pittori preferisci?

    (a) Quali

    (b) Quale

8. Il contrario (la parola opposta) di cattiva è _____.

    (a) bravo

    (b) brava

9. Io sono alto. Lei invece è _____.

    (a) corta

    (b) bassa

10. _____ moltissimi turisti in estate!

    (a) Ci sono

    (b) C'è

11. Marco? _____?

    (a) Com'è

    (b) Come

12. Io ed i bambini non _____ amici.

    (a) sono

    (b) siamo

13. Mi _____ leggere i gialli e le biografie.

    (a) piace

    (b) piacciono

14. Di che colore sono gli occhi?

    (a) Castagno.

    (b) Nocciola.

15. Tu _____ un cane o un gatto?

    (a) hai

    (b) ha

16. Lui _____ ha quattro.

    (a) ne

    (b) no

17. La ragazza è più _____ che simpatica.

    (a) ricca

    (b) ricco

TESTE DA PARTE UM

87

18. Andiamo al _____.

   (a) mare

   (b) spiaggia

19. I bambini _____ sonno. Denovo dormire.

   (a) avete

   (b) hanno

20. Voi _____ la differenza?

   (a) parlate

   (b) sapete

21. Giuseppino! Cosa _____?

   (a) fate

   (b) fai

22. L'acqua gassata _____ bene?

   (a) sta

   (b) fa

23. Vorrei fare una prenotazione per quattro, _____ 8,00.

   (a) alle

   (b) verso le

24. Mia madre_____ cinque lingue.

   (a) parla

   (b) è

25. Non _____ la poesia ma la leggo.

   (a) mi piacciono

   (b) mi piace

PARTE DOIS

VIAJANDO PELA ITÁLIA

CAPÍTULO 6

Planejando uma Viagem pela Itália

Neste capítulo, você verá:

Planejando uma Viagem
Comprando o Que É Essencial
Pegando um Trem
Dizendo a Hora

Planejando uma Viagem

 FAIXA 1

Ouça a conversa em que Jake e Beatrice planejam sua viagem à Itália para participarem do casamento de Paolo e Graziana e visitar restaurantes e festivais gastronômicos. Aonde eles irão primeiro?

Conversação em Italiano Sem Mistério

BEATRICE: Arriviamo a Firenze il 20 ottobre verso le undici. Dove stiamo quest'anno?

Chegamos a Florença em 20 de outubro, por volta das 11h. Onde vamos ficar esse ano?

JAKE: Ti piace quel piccolo albergo proprio nel centro storico, vero?

Você gosta daquele pequeno hotel no centro histórico, certo?

BEATRICE: Oh sì. È bello, piccolo e le persone che ci lavorano sono molto simpatiche. Per di più, non costa un occhio. Facciamo una prenotazione.

Ah, sim. É bonito, pequeno e as pessoas que trabalham lá são muito simpáticas. Além do mais, não custa os olhos da cara. Vamos fazer uma reserva.

JAKE: Ok. Vediamo un po'. Arriviamo a Firenze il 20 ottobre. Ripartiamo da Firenze il 2 novembre se non sbaglio. Poi andiamo a Marzabotto per visitare il Museo Etrusco. E passiamo la notte vicino a Milano. Poi l'indomani, cioè il 3 novembre, torniamo negli Stati Uniti.

OK. Vamos ver. Nós chegamos a Florença em 20 de outubro. Saímos de Florença em 2 de novembro, se não estou enganado. Depois, vamos a Marzabono visitar o Museu Etrusco. E vamos passar a noite próximo a Milão. No dia seguinte, 3 de novembro, voltamos aos Estados Unidos.

BEATRICE: Sai, non c'è soltanto il Museo Etrusco a Marzabotto. C'è l'unica città etrusca d'Italia. E a Marzabotto c'è anche il cimitero partigiano.

Sabe, não tem só o Museu Etrusco em Marzabotto. É a única cidade etrusca da Itália. E em Marzabotto também tem o cemitério partisan.

JAKE: Per confermare la prenotazione in albergo ho bisogno della carta di credito. Quando scade?

Para confirmar a reserva no albergue eu preciso do cartão de crédito. Qual é a data de vencimento?

BEATRICE: La scadenza e scritta qui – giugno 2012.

A data de vencimento está escrita aqui – junho de 2012.

JAKE: C'è altro che devo chiedere?

Tem mais alguma coisa que eu devo pedir?

BEATRICE: Be', una camera doppia, con letto matrimoniale, servizi e tutto compreso. Servono una bella prima colazione.

Bem, um quarto duplo com cama de casal, banheiro e tudo incluso. Eles servem um ótimo café da manhã.

JAKE: Oltre a Firenze e Marzabotto, dove andiamo?

Além de Florença e Marzabotto, aonde vamos?

BEATRICE: Andiamo ad Arezzo, a Gubbio, alla Gola del Furlo, a Sant'Angelo in Vado...

Vamos a Arezzo, Gubbio, Gola del Furlo, Sant'Angelo in Vado...

JAKE: Perché in questi posti piccoli?

Por que para esses lugares pequenos?

BEATRICE: Per mangiare, amore, per mangiare!

Para comer, meu amor, para comer!

CAPÍTULO 6 Planejando uma Viagem pela Itália 93

Revisão do Diálogo 6-1

Responda às perguntas a seguir em italiano. Volte ao diálogo, se precisar refrescar a memória.

1. Dove arrivano Jake e Beatrice? _____

2. Quando arrivano Jake e Beatrice? _____

3. Com'è l'albergo dove stanno? _____

4. Che cosa c'è da vedere a Marzabotto? _____

5. Hanno una carta di credito? Quando è la scadenza? _____

6. Cosa significa «tutto compreso»? _____

CULTURA SEM MISTÉRIO

Reservas e Custos de Hotel

Antecipar o vocabulário que você usará é de grande ajuda. Ao ligar para fazer a reserva em um hotel, é útil estar ciente de que o hotel vai querer saber seu sobrenome (esteja preparado para soletrá-lo); o tipo de quarto que você vai querer – simples ou duplo, com ou sem banheiro (**singola, doppia; con o senza servizi**); as datas de chegada e partida (**arrivo, partenza**); o número de um cartão de crédito (**numero di una carta di credito**) e sua data de vencimento (**la scadenza**); e talvez um número de telefone residencial, com o código de área (**numero di telefono, con prefisso**). Você deve se assegurar de que tudo (café da manhã e, especialmente, as taxas, que podem somar 19% da conta) está incluso (**tutto compreso**). Quando chegar ao hotel, será perguntado se tem uma **prenotazione** (*reserva*) e será pedido um **documento** (por exemplo, passaporte). É costume dar gorjetas às pessoas que limpam o quarto, geralmente dois dólares por dia, embora você possa esperar até a hora de ir embora para fazer isso.

GRAMÁTICA SEM MISTÉRIO

Usando Pronomes Pessoais com Verbos

As terminações pessoais dos verbos conjugados em italiano são tão distintas que, frequentemente, os pronomes pessoais não são usados. Consulte o Capítulo 2 para revisar os pronomes pessoais. **Parlo** em vez de **Io parlo**; **andiamo** em vez de **noi andiamo**; **stanno** em vez de **loro stanno**. Após **anche** (também), no entanto, o pronome pessoal geralmente é usado (**anch'io, anche noi**), assim como quando ele é necessário para dar ênfase (**pago io**). Para obter exemplos de conjugações e uma lista de verbos, consulte o Anexo B. Por enquanto, você já viu aproximadamente quarenta verbos com **-are**, oito com **-ere** e seis com **-ire**.

Exercício Escrito 6-1

Cubra a parte em italiano do diálogo anterior e, em um pedaço separado de papel, tente passar o diálogo de volta para o italiano. Compare seu trabalho com o original.

Exercício Oral 6-1

 FAIXA 2

Ouça as perguntas a seguir, lendo junto, conforme necessário. Em seguida, repita-as e, por fim, responda-as em italiano. Ouça a resposta de exemplo no CD.

1. Parli italiano?
2. Dove lavori?
3. Cosa preferisci mangiare quando hai fame?
4. Visiti la famiglia spesso?
5. Quando torni a casa, cioè a che ora?
6. Compri molte cose in Italia?
7. Ti piace andare in Italia?
8. Insegni? Fai il professore (la professoressa)?
9. Sai cucinare?
10. Ricordi il nome del ristorante vicino al mercato?
11. Chi paga il conto?
12. Vuoi guardare la televisione?
13. Prendi un caffè?
14. Hai voglia di andare al museo?
15. Quanti anni hai?
16. Come sei tu?
17. Leggi molto?
18. Quando hai freddo, prendi tè o caffè?
19. Telefoni alla famiglia ogni giorno?
20. Dormi bene quando fai un viaggio?

CAPÍTULO 6 Planejando uma Viagem pela Itália

Comprando o Que É Essencial

 FAIXA 3

Jake e Beatrice estão se acomodando em seu hotel em Florença. Eles descobriram vários itens que não trouxeram ou não podiam trazer e estão planejando uma excursão de compras.

JAKE: Mamma mia, ma le zanzare sono feroci!	*Minha nossa, mas os mosquitos estão ferozes!*
BEATRICE: Hai ragione! Dimentico sempre che qui a Firenze, specialmente vicino all'Arno, ci sono zanzare tutto l'anno. Andiamo in farmacia per un repellente. E mentre siamo fuori, devo comprare dei francobolli per le cartoline e un orario dei treni.	*Tem razão! Eu sempre esqueço que aqui em Florença, especialmente próximo ao Rio Arno, tem mosquitos o ano todo. Vamos à farmácia comprar um repelente. E enquanto estamos fora, eu tenho de comprar selos para os cartões postais e um mapa ferroviário.*
JAKE: Prima, la farmacia per un repellente, poi il tabaccaio per i francobolli e se non sbaglio c'è un'edicola dove possiamo comprare l'orario.	*Primeiro, vamos à farmácia para comprar repelente, depois, à tabacaria para comprar selos e, se não estou enganado, tem um quiosque onde podemos comprar o mapa ferroviário.*
BEATRICE: Sai leggere l'orario dei treni? Secondo me, non è mica facile da capire.	*Você sabe ler os horários do trem? Para mim, não é nem um pouco fácil entender.*
JAKE: Mi arrangio.	*Eu me viro.*
BEATRICE: Bravo! Tu ce la fai sempre. Anche in edicola dove hanno una bella selezione di cartoline vediamo se ce l'hanno il libro «English Yellow Pages». È molto utile. Vorrei andare anche dal fruttivendolo. Ho bisogno di frutta fresca.	*Muito bem! Você sempre se vira. Além disso, no quiosque, onde eles têm uma boa seleção de cartões postais, vamos ver se eles têm o livro* English Yellow Pages. *É muito útil. Eu gostaria de ir à banca de frutas também. Preciso de frutas frescas.*
JAKE: Va bene. Cosa è il libro «English Yellow Pages»?	*Tudo bem. O que é esse* English Yellow Pages?
BEATRICE: È un libro con liste e liste di negozi, medici, scuole dove si parla inglese. Non conosci il libro perché non ne hai bisogno.	*É um livro com listas e mais listas de endereços comerciais, médicos, escolas onde se fala inglês. Você não está familiarizado com o livro porque não precisa dele.*
JAKE: E tu? Tu parli benone l'italiano.	*E você? Você fala italiano muito bem.*

BEATRICE: Sì, ma se devo andare dal medico o in Questura, ad esempio, e tu non ci sei, non ce la faccio in italiano. Meglio in inglese.

Sim, mas se eu tiver de ir ao médico ou à polícia, por exemplo, e você não estiver aqui, não consigo fazer isso em italiano. É melhor em inglês.

JAKE: Lasciamo la chiave e recuperiamo i passaporti. Devo cambiare dei soldi.

Vamos deixar a chave na recepção e pegar nossos passaportes. Preciso trocar dinheiro.

Revisão do Diálogo 6-2

Ouça o diálogo novamente e veja se consegue encontrar pelo menos cinco cognatos. Tome cuidado! Também há um "falso cognato", **recuperiamo**, que significa *pegar algo de volta* em vez de "recuperar-se", como de uma doença. Confira as respostas no final do livro.

1. _____
2. _____
3. _____
4. _____
5. _____

Exercício Escrito 6-2

Dove vai? Onde você deve ir para comprar os seguintes itens? (Alguns deles são cognatos facilmente reconhecíveis.) Ligue os lugares na coluna 2 com os itens na coluna 1. É possível usar os lugares na coluna 2 mais de uma vez. Se não reconhecer um item ou um lugar, procure no dicionário. Confira as respostas no final do livro.

Coluna 1

_____ 1. dei francobolli
_____ 2. la prima colazione
_____ 3. la frutta fresca
_____ 4. un antibiotico
_____ 5. un biglietto per il bus
_____ 6. un giallo
_____ 7. un caffè espresso
_____ 8. l'orario dei treni
_____ 9. la detergente
_____ 10. delle cartoline

Coluna 2

A. l'edicola
B. la farmacia
C. l'ufficio postale
D. la tintoria
E. un Bancomat
F. la banca
G. la mesticheria
H. il fruttivendolo
I. un bar
J. una libreria

CAPÍTULO 6 Planejando uma Viagem pela Itália

_____ 11. la medicina   K. il tabaccaio

_____ 12. delle riviste   L. l'albergo

_____ 13. una biografia   M. la rosticceria

_____ 14. il pranzo già preparato   N. il pronto soccorso all'ospedale

_____ 15. un termometro

_____ 16. i vestiti puliti

_____ 17. una mappa

_____ 18. una camera

_____ 19. un dolce

_____ 20. dei soldi

CULTURA SEM MISTÉRIO

Compras

A tradição de pequenos comércios e com proprietários locais está viva e em boa forma na Itália. Assim, ir às compras significa, geralmente, ir a muitas lojas pequenas. Certamente, há uma abundância de pequenas lojas especializadas em comidas. Para frutas e vegetais, você teria de ir ao **fruttivendolo**. Esteja ciente de que não deve tocar nas frutas, nem ver se elas estão maduras. O atendente escolherá as frutas por você. Há lojas especializadas em queijos, padarias, lojas de vinho, de carnes, aves, peixes e muitas outras. Nas farmácias, os farmacêuticos são treinados para ajudar você com indisposições físicas menores, embora não possam prescrever drogas. Algumas farmácias têm uma cruz verde e um aviso de que ficam abertas 24 horas por dia. No caso de uma emergência médica, há o **pronto soccorso,** o pronto socorro. É claro que existem grandes supermercados, mas eles geralmente são menos interessantes e divertidos que as pequenas lojas. Cada negócio tem um dia da semana em que não abre. Essa **chiusura** (*fechamento*) varia por profissão: cabeleireiros e museus geralmente fecham às segundas-feiras, por exemplo. Os restaurantes também seguem essa prática.

Pegando um Trem

 FAIXA 4

Jake e Beatrice estão planejando suas viagens diárias para fora de Florença, e estão usando um itinerário de trem que compraram.

JAKE: Perché non prepariamo un calendario. Le nozze sono il 22; ripartiamo da Firenze il 2 novembre. Ho prenotazioni per gli Uffizi il 31. Che ne dici di andare ad Arezzo il 24? Devo confessare che ho già i biglietti per visitare gli afreschi di Piero della Francesca…

Por que não fazemos um planejamento? O casamento é dia 22. Saímos de Florença em 2 de novembro. Eu tenho reservas para o Uffizi no dia 31. O que me diz de irmos a Arezzo no dia 24? Tenho que confessar que já tenho ingressos para visitar os afrescos de Piero della Francesca...

BEATRICE: È una buon'idea. Possiamo andare ad Arezzo in treno. C'è trentina di treni ogni giorno se leggo l'orario correttamente.

Boa ideia. Podemos ir a Arezzo de trem. Se estou lendo o itinerário corretamente, há cerca de trinta trens todos os dias.

JAKE: Sì, leggi correttamente l'orario. I treni da Firenze a Roma partono quasi ogni ora. Le prenotazioni sono per le 10,00 (dieci). Dobbiamo partire verso le 8,00 (otto). C'è un EuroStar alle 8,19 (otto diciannove) – ma non ci ferma. Allora, c'è un treno alle 8,22 (otto ventidue) che arriva ad Arezzo alle 9,03 (nove e tre). Va bene?

Sim, você está lendo corretamente. Os trens de Florença a Roma saem quase a cada hora. As reservas são para as 10h. Deveríamos sair por volta das 8h. Tem um EuroStar às 8h19min – mas ele não para lá. Então, tem um trem às 8h22min que chega a Arezzo às 9h03min. Tudo bem?

BEATRICE: Sì, poi abbiamo tempo per uno spuntino al caffè di fronte alla chiesa dove ci sono gli affreschi.

Sim, então teremos tempo para tomar um lanche no café do outro lado da rua da igreja onde ficam os afrescos.

JAKE: Non trovo un treno che ferma a Gubbio. Dobbiamo noleggiare una macchina per qualche giorno?

Não estou encontrando um trem para Gubbio. Deveríamos alugar um carro por alguns dias?

BEATRICE: Credo di sì. Se andiamo a Gubbio e la Gola del Furlo e Sant'Angelo in Vado e forse ad Urbino, dobbiamo fare un solo giro. E poi è molto più semplice in macchina che in treno o in bus.

Acho que sim. Se formos a Gubbio, a Gola del Furlo, a Sant'Angelo in Vado e, talvez, a Urbino, deveríamos fazer tudo isso junto, e é muito mais fácil de carro do que de trem ou ônibus.

JAKE: In un solo giorno!

Em um dia!

BEATRICE: No, no. Ma dobbiamo ritenere la camera qui e poi non dobbiamo fare le valigie di nuovo.

Não, não. Mas deveríamos manter o quarto aqui, e então não teríamos de fazer as malas novamente.

JAKE: Prodiga!

Você está esbanjando!

BEATRICE: No, davvero, no. Per di più, se l'albergo è completo durante gli ultimi giorni del nostro viaggio?

Na verdade, não. Além disso, e se o albergue estiver lotado nos últimos dias de nossa viagem?

CAPÍTULO 6 Planejando uma Viagem pela Itália | 99

JAKE: Bene, suppongo di sì. Dobbiamo noleggiare una macchina anche per andare a Marzabotto e poi a Milano?

Bem, imagino que tudo bem. Também devemos alugar um carro para ir a Marzabotto e a Milão?

BEATRICE: Assolulamenle! È difficile andare a Marzabotto. E poi strada a Milano, c'è un ristorante favoloso in campagna... E a proposito, un'amica mia che abita ad Arezzo vuol invitarci a pranzare ad un ristorante vicino a Monterchi. Possiamo visitare la Madonna del Parto di Piero della Francesca e mangiare in campagna.

Certamente! É difícil ir a Marzabotto. E no caminho para Milão há um belo restaurante no campo... Ah, e a propósito, uma amiga minha que vive em Arezzo nos convidou para comermos em um restaurante próximo a Monterchi. Podemos visitar a Madonna del Parto de Piero della Francesca e comer no campo.

Revisão do Diálogo 6-3

Ouça o diálogo novamente e depois responda às perguntas a seguir. Você pode checar as respostas novamente no final do livro.

1. A Beatrice piace mangiare? _____

2. Dove vanno Jake e Beatrice? _____

3. Cosa visitano ad Arezzo? _____

4. Vanno ad Arezzo in treno o in macchina? _____

5. Dove vanno il 31 ottobre? _____

Dizendo a Hora

No Capítulo 1, você aprendeu os números de 1 a 31. Para dizer as horas, só precisa saber contar até 30. Tudo o que é "official" – horários de trens, teatros, funcionamento de lojas – na Itália, se expressa com o formato de 24 horas. Se for chegar de trem às 9h da noite, por exemplo, diz-se: **Arrive alle 21,00 (ventuno)**.

Che ora è?   *Que horas são?*

È l'una.   *Uma hora.*

È mezzanotte (mezzogiorno).   *É meia-noite (meio-dia).*

Com exceção dos três exemplos anteriores, use **sono** (*são*), o plural de è (*é*), para dizer as horas, pois, após 1h, todas as horas estão no plural. Embora não diga **ore** (*horas*), o termo fica subentendido.

Sono le due [ore].   *São 2h.*

Sono le quattro [ore].   *São 4h.*

Sono le quindici [ore].   *São 15h.*

Os primeiros trinta minutos de uma hora são adicionados à hora. Por exemplo, **Sono le due e venti** (*são 2h20min*). Os trinta minutos posteriores da hora são subtraídos da hora seguinte: **Sono le quattro meno dieci** (*São 3h50min* – ou 4h menos 10min).

Leia as horas a seguir. Em seguida, cubra a parte em português e veja se consegue traduzir.

È mezzanotte.	*É meia-noite.*
Sono le tre e venti.	*São 3h20min.*
Sono le quindici e venticinque.	*São 15h25min.*
Sono le sette e trenta.	*São 7h30min.*
Sono le sette e mezza.	*São 7h30min. (literalmente, "São sete e meia.")*
Sono le dieci meno cinque.	*São 9h55min. (literalmente, "São dez menos cinco.")*
È l'una e quindici.	*É 1h15min.*
È l'una e un quarto.	*É 1h15min. (literalmente, "É uma e um quarto.")*
Sono le otto e venti.	*São 8h20min.*
Sono le ventidue.	*São 22h.*

CULTURA SEM MISTÉRIO

Il Mezzogiorno

O termo **mezzogiorno** significa *meio-dia*, mas **il Mezzogiorno** se refere geralmente à região geográfica do sul da Roma, onde a vida é mais agrícola e tradicional do que industrial e moderna, um efeito colateral das guerras de unificação do século XIX. Faz-se referência a **i problemi del Mezzogiorno** ou **la questione del Mezzogiorno.**

Exercício Escrito 6-3

Responda às perguntas a seguir, usando o horário de 24 horas. Lembre-se de, se estiver usando **l'una** ou **mezzogiorno** nas respostas, usar a forma singular **all'una, a mezzanotte** ou **a mezzogiorno** em vez de **alle**. Confira as respostas no final do livro.

1. A che ora mangi? Io mangio _____.
2. Quando parti? Io parto _____.
3. A che ora studi? Io studio _____.
4. Quando vai in ufficio? Io vado in ufficio _____.

CAPÍTULO 6 Planejando uma Viagem pela Itália | 101

5. Quando comincia il film? Comincia _____.

6. A che ora arriva il treno da Parigi? Il treno da Parigi arriva _____.

7. Vai al mercato stamattina? Sì, vado al mercato _____.

8. Quando devi arrivare all'aereoporto? L'aereo parte alle diciassette, così devo arrivare due ore prima, _____.

Exercício Oral 6-2

FAIXA 5

Ouça a passagem a seguir e leia junto. Pause e repita cada sentença. Em seguida, responda às perguntas. Confira as respostas no CD e no final do livro.

Jake e Beatrice arrivano in Italia, specificamente a Firenze, il 20 ottobre. Ci vanno per le nozze, cioè il matrimonio di Paolo e Graziana. Stanno ad un albergo (un hotel) in centro e visitano vari musei. Mangiano a molti ristoranti diversi. Visitano anche Arezzo e vari posti piccoli per provare la cucina locale. Portano ognuno una piccola valigia. Viaggiano in treno e in macchina.

1. Quando arrivano in Italia Jake e Beatrice?

2. A quali città vanno?

3. Perché vanno in Italia?

4. Dove stanno a Firenze?

5. Che cosa vogliono provare?

6. Quante valigie portano?

Exercício Escrito 6-4

Escreva um roteiro para fazer uma reserva em um hotel preenchendo os espaços em branco.

TU: Buon giorno. Albergo Firenze?

COMMESSO: Sì.

TU: Vorrei prenotare una camera _____ (singola, doppia)

per il periodo dal _____ _____ (data, mese) al _____ _____ (data, mese).

COMMESSO: Per quante persone?

TU: Due.

COMMESSO: Vorrebbe un letto matrimoniale o due singoli?

TU: Un letto _____, per favore. E con bagno, certo.

COMMESSO: Va bene. Il cognome, per favore?

TU: _____, *(depois, soletre)* _____ _____

_____ _____ _____.

COMMESSO: Ha una carta di credito, per confermare la prenotazione?

TU: Sì, _____ (tipo e numero).

COMMESSO: La scadenza, per favore?

TU: _____ _____ (mese, anno). Quanto viene la camera?

COMMESSO: Una camera doppia con servizi è 70 Euro la notte.

TU: Tutto _____?

COMMESSO: Certo.

Diário: Escrita Direcionada

Esta breve entrada no diário deve ser escrita todos os dias, até que o vocabulário e as formas se tornem naturais para você. Preste atenção ao final da leitura deste diário, já que há novas entradas.

Oggi è _____, il (l') _____ _____.

Fa _____ tempo.

Oggi vorrei _____.

Come sono io? Sono _____, _____,

_____.

Io mi chiamo _____.

Mi piacciono _____, _____, _____.

Per colazione, mi piace mangiare _____.

Mangio a / alle _____ (l'ora).

La mia famiglia è _____.

Oggi _____.

CAPÍTULO 6 Planejando uma Viagem pela Itália | 103

TESTE RÁPIDO

Escolha as respostas corretas às perguntas a seguir. Depois, confira as respostas no final do livro.

1. Le bambine non _____; studiano.

   (a) insegnano

   (b) insegna

   (c) insegni

2. Tu, Mario, _____ fame?

   (a) hai

   (b) ha

   (c) avete

3. A Firenze stiamo in quel piccolo _____.

   (a) tintoria

   (b) mesticheria

   (c) albergo

4. La scadenza? _____ del 2012.

   (a) Lunedì

   (b) Giugno

   (c) Quindici

5. Per me va bene una _____ singola con servizi.

   (a) scatola

   (b) camera

   (c) fotografia

6. Giulio _____ moltissimi libri.

   (a) arriva

   (b) mangia

   (c) legge

7. Io sono giornalista _____ per «La Nazione».
   (a) Festeggio
   (b) Scrivo
   (c) Cucino

8. Dove _____ Jake e Beatrice?
   (a) sono
   (b) siete
   (c) sei

9. A che ora fa cena la famiglia?
   (a) Alle 4,00
   (b) A mezzogiorno
   (c) Alle 8,30

10. Parole opposte. Escreva os opostos das seguintes palavras:

    partire / _____ ; andare / _____ ; chiudere / _____ ;
    dimenticare / _____ ; avere torto / _____ ; caldo / _____

CAPÍTULO 7

Saindo à Noite

Neste capítulo, você verá:

Comprando Ingressos para o Teatro
Falando sobre o Passado com o imperfetto
Descrevendo um Espetáculo
Dando uma Opinião
Falando sobre o Passado com o passato prossimo

Comprando Ingressos para o Teatro

 FAIXA 6

Ouça a conversa em que Jake e Beatrice decidem qual espetáculo gostariam de assistir e quando. Quanto eles estão dispostos a pagar pelas entradas?

BEATRICE: C'è una rappresentazione di «La Bohème». Perché non ci andiamo? Canta "il nuovo Pavarotti".

Há uma apresentação de La Bohème. Por que não vamos? "O novo Pavarotti" vai cantar.

JAKE: Impossibile. Non c'è un nuovo Pavarotti. Lui era unico.

Impossível. Não há um novo Pavarotti. Ele era único.

BEATRICE: Bene, in ogni caso deve essere bravo per avere ricevuto questo titolo. Ci sono biglietti per il 25, il 28 e il 29. Quali preferisci?

Bem, em todo caso, ele deve ser bom para ter recebido esse nome. Há entradas para os dias 25, 28 e 29. Qual você prefere?

JAKE: Il 25, perché andiamo a Gubbio il 26, no? Sono cari?

Dia 25, pois vamos a Gubbio no dia 26, certo? São caras?

BEATRICE: Sono un po' cari. Leggi qui.

São um pouco caras. Leia aqui.

JAKE: Vorrei dei biglietti di palco. Costano 65 (sessantacinque) Euro. Va bene?

Eu preferiria assentos no camarote. Eles custam 65 euros. Tudo bem?

BEATRICE: Certo. Mi piacciono i palchi perché puoi vedere il pacoscenico.

Claro. Eu gosto dos camarotes porque dá para ver o palco.

JAKE: Sono d'accordo. Proverò a prenotarli oggi. C'è altro che vorresti vedere? Vedo che al teatro sperimentale presentano «Sei personaggi in cerca d'autore».

Concordo. Tentarei reservar hoje. Há mais alguma coisa que você quer ver? Estou vendo que no teatro experimental estão apresentando "Seis personagens à procura de um autor".

BEATRICE: Oh, mi piacerebbe tanto. Non l'ho mai visto a teatro. Soltanto al cinema perché ne hanno fatto un film.

Ah, eu gostaria de ir. Nunca vi no teatro. Somente no cinema, pois eles fizeram um filme.

JAKE: Okay. Cercherò i biglietti anche per quello.

OK. Vou tentar encontrar entradas também.

BEATRICE: C'è un concerto? Forse al Palazzo Vecchio?

Há algum concerto? Talvez no Palazzo Vecchio?

JAKE: Mi informerò.

Vou descobrir.

Revisão do Diálogo 7-1

Responda às perguntas a seguir sobre o diálogo. Confira as respostas no final do livro.

1. Com'era Pavarotti? _____.
2. Jake e Beatrice vogliono andare a quale opera? _____.
3. I biglietti sono cari? _____.

CAPÍTULO 7 Saindo à Noite | 107

4. Quale dramma vorebbe vedere Beatrice? _____.

5. Ti piace l'opera lirica? _____.

Exercício Escrito 7-1

Usando o formulário e a carta a seguir, peça entradas para uma apresentação de *La Bohème*.

Firenze, Ufficio Teatro Puccini

Lungarno Archibusieri, 28   **Tel: 055 / 55211**

Cognome / Nome _____
(sobrenome/nome)

Indirizzo _____
(endereço)

CAP _____ Città _____
    (CEP)   **(cidade)**

Provincia _____
(estado)

Tel: abit.: _____ ufficio: _____
    (residencial)   **(comercial)**

Rappresentazione _____
(apresentação)

Data in ordine di preferenza _____
(datas, em ordem de preferência)

Numero posti _____
(número de entradas)

Platea **(orquestra)**	Euro 65
Posto **(camarote)**	Euro 65
Prima galleria **(mezanino, frente)**	Euro 40
Seconda galleria **(mezanino, superior)**	Euro 30

Allegato assegno numero _____ di Euro _____
    (número de confirmação, anexo)   **(na quantia de)**

Preencha os espaços em branco nessa carta de exemplo que acompanha o formulário. A tradução em português pode ser encontrada no final do livro.

20 ottobre

Egregio Signore,

vorrei ordinare i seguenti biglietti per la rappresentazione di «La Bohème». Spedisco con questa lettera un assegno bancario internazionale di Euro _____. Mi farebbe il favore di spedire i biglietti al: _____.

(Mi farebbe il favore di tenere i biglietti in biglietteria; li ritirerò a teatro prima della rappresentazione.)

Con i miei sinceri saluti,

Falando sobre o Passado com o *imperfetto*

Por enquanto, você conseguiu usar majoritariamente o presente em suas conversas. Mas, ao visitar lugares, cuidar da vida diária ou participar de diversos eventos, vai querer discutir e descrever o que fez e viu. Para fazer isso, precisa de duas formas diferentes do tempo passado, o **imperfetto** (*imperfeito*) e o **passato prossimo** (*passado perfeito*). O tempo **passato prossimo** será discutido adiante.

O **imperfetto** se refere a uma ação não necessariamente concluída, uma ação imperfeita, se preferir. Ele geralmente é descritivo e responde às perguntas: "O que estava acontecendo?"; "O que você costumava fazer?"; "Como era algo ou alguém?". O **imperfetto** também é usado para se referir ao clima (**faceva bel tempo,** *o tempo estava bom*) e às horas (**erano le due,** *eram duas horas*) e para discutir estados físicos e emocionais (**era giovane,** *era jovem*; **aveva fame,** *tinha fome*; **adorava cantare,** *adorar cantar*). Se alguém era rico, pobre, com fome, com sono, com sede, feliz, triste, apaixonado, desiludido, alto, baixo ou tinha uma determinada idade, então use o imperfeito para dizer isso. Geralmente, esses tempos expressam uma nuance: **ho conosciuto Mario (passato prossimo)** significa *eu conheci Mario,* enquanto que **conoscevo Mario (imperfetto)** significa *eu conhecia Mario.*

A formação do imperfeito é a mais regular entre as conjugações do italiano. A partir do infinitivo, simplesmente tire as duas últimas letras, **re**. Depois adicione as terminações determinadas pelo sujeito, que são iguais para todas as três conjugações.

	parlare	**scrivere**	**capire**
io	parl**avo**	scriv**evo**	cap**ivo**
tu	parl**avi**	scriv**evi**	cap**ivi**
lui, lei	parl**ava**	scriv**eva**	cap**iva**
noi	parl**avamo**	scriv**evamo**	cap**ivamo**
voi	parl**avate**	scriv**evate**	cap**ivate**
loro	parl**avano**	scriv**evano**	cap**ivano**

CAPÍTULO 7 Saindo à Noite

Nada poderia ser (ou será) mais simples. Consulte o Anexo B para saber as conjugações de verbos regulares e irregulares no tempo imperfeito.

Exercício Escrito 7-2

Traduza as sentenças de 1 a 5 do italiano para o português e as sentenças de 6 a 15 do português para o italiano. Confira as respostas no final do livro.

1. Pavarotti era unico. _____
2. I biglietti costavano sempre moltissimo. _____
3. Non mi piaceva l'opera quando ero giovane. _____
4. Lui era ricco e triste. _____
5. Emilio mangiava male. _____
6. Estava frio. _____
7. Ele escrevia poesia. _____
8. Nós sempre estávamos com fome. _____
9. Às segundas-feiras, comíamos no jardim. _____
10. Ela era rica e feliz. _____
11. Ela estava ouvindo a ópera. _____
12. Enquanto eu estava lendo… _____
13. … as crianças estavam procurando o gato. _____
14. Todos os sábados nós íamos ao parque. _____
15. Eles estavam estudando italiano. _____

Descrevendo um Espetáculo

 FAIXA 7

Jake e Beatrice vão a um jantar após assistirem a uma apresentação de *La Bohème*. Ao entrarem no restaurante, eles falam sobre o enredo e descrevem os personagens. Por que alguns personagens de ópera são estereotipados?

BEATRICE: Che bella produzione! Mi è piaciuto il tenore, ma avevi ragione. Non era Pavarotti. La scenografia ed i costumi erano splendidi. Povera Mimi. Era così dolce e così ammalata.

Que bela produção! Eu gostei do tenor, mas você estava certo. Ele não era Pavarotti. A cenografia e os trajes estavam esplêndidos. Pobre Mimi. Ela era tão doce e estava tão doente.

JAKE: E povero Rodolfo. Per lui, Mimi e l'amore erano immortali.

E pobre Rodolfo. Para ele, Mimi e o amor eram imortais.

BEATRICE: Era proprio triste, al solito. Ho visto «La Bohème» molte volte e mi fa sempre piangere.

Foi verdadeiramente triste, como sempre. Eu já vi La Bohème muitas vezes, e sempre me faz chorar.

JAKE: Sì, fa piangere il cuore.

Sim, faz seu coração chorar.

BEATRICE: Sono interessanti gli altri personaggi, anche se stereotipati.

Os outros personagens são interessantes, se não estereotipados.

JAKE: Ma certo. Sono stereotipati perché hanno le origini nella commedia dell'arte dove tutti i personaggi erano tipi, o maschere; cioè rappresentavano una caratteristica umana.

É claro. Eles são estereotipados porque são originados na commedia dell'arte, em que todos os personagens eram tipos ou máscaras, isto é, eles representavam uma característica humana.

BEATRICE: Se non sbaglio, Shakespeare usava spesso questi personaggi.

Se não estou enganada, Shakespeare geralmente usava esses personagens.

JAKE: È vero, ma lui trasformava questi caratteri in personaggi più universali. Per questo continuiamo a leggere e vedere i drammi di Shakespeare. La commedia dell'arte è vista raramente oggi giorno.

É verdade, mas ele mudava os personagens para pessoas mais universais. É por isso que continuamos a ler e ver dramas de Shakespeare. A commedia dell'arte raramente é vista nos dias de hoje.

CULTURA SEM MISTÉRIO

A *commedia dell'arte*

A **commedia dell'arte**, o teatro iconográfico da Contrarreforma, ilustrava os italianos estereótipos da época, sempre de maneira bem-humorada, às vezes com alguma maldade. Reação ao drama erudito ou escrito, tinha como objetivo entreter o público, tecer críticas e, não coincidentemente, ser profissional. Atores e atrizes profissionais, companhias de teatro, teatros de repertório, os primeiros em toda a Europa, eram uma condição indispensável da **commedia.** A característica marcante e única da **commedia dell'arte** era sua natureza de improvisação. Não havia roteiros. Sem contar que esse teatro efêmero do **Cinquecento** (*século dezesseis*) exerceu uma influência formidável nos melhores dramaturgos da era – Ben Jonson, Shakespeare, Moliere, por exemplo – e em óperas cômicas e trágicas. A iconografia e a sátira da **commedia dell'arte** eram verdadeiramente produtos de sua própria época; elas não sobreviveram nem à travessia dos Alpes nem à do Canal da Mancha. Representações visuais de personagens da **commedia** incluem as obras meia-tinta de Maurice Sand e as caricaturas que tornaram Enrico Caruso, um artista antes de ser tenor, famoso.

CAPÍTULO 7   Saindo à Noite   111

Revisão do Diálogo 7-2

Há vários cognatos neste diálogo. Você consegue encontrar ao menos dez? Ouça o diálogo novamente, se necessário.

1. _____   6. _____
2. _____   7. _____
3. _____   8. _____
4. _____   9. _____
5. _____   10. _____

Dando uma Opinião

 FAIXA 8

Ouça a conversa entre Jake e Beatrice. Pause e repita cada sentença. Jake e Beatrice estão em um restaurante que atende ao público após os espetáculos teatrais. Quando leva a comida, o garçom escuta o que eles estão falando e entra na conversa.

BEATRICE: Per me, è sempre interessante il ruolo di Mimi.

Para mim, o papel de Mimi é sempre interessante.

JAKE: Perchè?

Por quê?

BEATRICE: Perché è un ruolo difficile. Lei deve essere dolce e innocente, anche ingenua, e allo stesso tempo, forte.

Porque é um papel difícil. Ela tem que ser doce e inocente, até mesmo ingênua, e, ao mesmo tempo, forte.

JAKE: Ma questa Mimi non era forte. Mi sembrava un po' sciocca.

Mas essa Mimi não era forte. Ela me pareceu um pouco bobinha.

CAMERIERE: Ecco signori, gli antipasti. Per la signora, la terrina di verdura; per il signore, il salmone affumicato. Avete scelto un primo?

Aqui está, senhor e madame, os antepastos. Para a senhora, terrine de vegetais; para o cavalheiro, salmão defumado. Vocês escolheram uma entrada?

BEATRICE: Non mangio il primo stasera, ma per secondo vorrei il coniglio farcito alle erbe aromatiche e un'insalata verde.

Eu não vou querer entrada essa noite, mas como prato principal, quero coelho recheado com ervas aromáticas e uma salada verde.

JAKE: Io invece vorrei i rognoncini di vitello e patate al forno. Niente insalata per me.

Eu, por outro lado, quero rins de vitela e batatas cozidas no forno. Sem salada para mim.

CAMERIERE: Non ho potuto fare a meno di ascoltare; vi è piaciuta l'opera?	Eu não pude deixar de ouvir; vocês gostaram da ópera?
JAKE: Sì, ma non mi è piaciuta la voce di Mimi. Era un po' debole.	Sim, embora eu não tenha gostado da voz de Mimi. Era um pouco fraca.
CAMERIERE: Certo che Mimi è debole. Muore...	Mas é claro que Mimi é fraca. Ela está morrendo...
JAKE: Musetta, invece, era bravissima.	Musetta, por outro lado, foi muito bom.
BEATRICE: E il ruolo di Musetta richiede una voce molto forte.	E o papel de Musetta precisa de uma voz muito forte.
CAMERIERE: Ed il tenore? È giovane e non ha mai cantato qui. Lo chiamano "il nuovo Pavarotti."	E o tenor? Ele é jovem e nunca havia cantado aqui. Eles o chamam de "o novo Pavarotti".
BEATRICE: Mio marito ed io ne abbiamo appena parlato. E in fin dei conti, lui era bravo. Ma non era certo Pavarotti.	Meu marido e eu acabamos de discutir isso. E no fim das contas, ele era bom. Mas não era um Pavarotti.
JAKE: Come dice Lei, però, è giovane. E ha dimostrato un grande talento. Chissà? Un giorno...	Como você disse, no entanto, ele é jovem. E mostrou um grande talento. Quem sabe? Um dia...
CAMERIERE: Mi fa piacere sentire questo perché lui è un mio cugino.	Agrada-me ouvir isso, pois ele é um primo meu.

Revisão do Diálogo 7-3

Responda às perguntas a seguir com frases completas. Assegure-se de usar o **imperfetto** ou o **passato prossimo** corretamente nas respostas. Confira as respostas no final do livro.

1. Cosa hanno mangiato Jake e Beatrice? _____.
2. A loro è piaciuta l'opera? _____
3. Secondo Jake, com'era Mimi? _____
4. Il tenore ha cantato bene? _____
5. Perché era contento il caramiere? _____

USANDO ADJETIVOS PARA DESCREVER UM EVENTO

No Capítulo 2, você aprendeu como usar adjetivos para descrever a aparência e a personalidade. Aqui estão algumas palavras adicionais que podem ser usadas para descrever eventos. Lembre-se: os adjetivos precisam concordar em gênero e número com os substantivos que modificam.

CAPÍTULO 7 Saindo à Noite 113

bravo!	*ótimo!*	interessante	*interessante*
comico, buffo, divertente	*engraçado*	noioso	*entediante*
esaurito	*esgotado*	pessimo	*péssimo*
triste, tragico	*triste*	stonato	*destoante*
fantastico, meraviglioso	*maravilhoso*		

VOCABULÁRIO SEM MISTÉRIO

Comentários em uma Ópera

Bravo!	*Bravo!*
La commedia è stupenda.	*A produção é estupenda.*
Hai un fazzoletto?	*Você tem um lenço?*
Sono amanti, sai?	*Eles são amantes, é claro.*
Canta meglio di _____.	*Ele (ela) canta melhor que _____.*
fischi	*assobios altos* (um sinal de desaprovação em eventos italianos)
Bis!	*Bis!*

Parada em uma longa fila na bilheteria de um teatro em Palermo, uma amiga ficou surpresa ao ouvir um motor muito alto atrás de si. O som vinha de uma Lamborghini vermelha dirigida pelo tenor do dia, que queria passar no meio da fila até a porta do palco. Conforme as pessoas abriam espaço, uma delas murmurou: **Che la voce sia bella come la macchina!** (*Que a voz seja tão bela quanto o carro!*)

Exercício Escrito 7-3

O que Jake e Beatrice disseram sobre a produção, os cantores e o enredo? Use cada adjetivo pelo menos uma vez. Finja que está escrevendo uma breve crítica.

Falando Sobre o Passado com o *passato prossimo*

Para responder à pergunta "O que aconteceu?", você deve usar o **passato prossimo**. Esse é um verbo composto, ou seja, formado por um verbo auxiliar conjugado – **essere** ou **avere** – e

um no particípio passado. Você já sabe como conjugar **essere** e **avere**. Para formar o particípio passado, remova as terminações características **-are**, **-ere** e **-ire** dos infinitivos e as substitua por **-ato**, **-uto** ou **-ito**. Isso é fácil. No entanto, muitos verbos com **-ere** têm particípios passados irregulares: **scrivere**, por exemplo, se torna **scritto** (*escrito*), e é melhor aprender esses verbos individualmente. Consulte o Anexo B para ver as conjugações de alguns dos verbos usados neste livro, mas aqui estão alguns exemplos:

Infinitivo	Particípio passado	Infinitivo	Particípio passado
andare	andato	finire	finito
avere	avuto	parlare	parlato
cantare	cantato	ripetere	ripetuto
capire	capito	sapere	saputo
dormire	dormito		

Particípios passados são formas verbais, mas são frequentemente usados como adjetivos. Quando usados como adjetivos, concordam em número e gênero com os substantivos que modificam: **un dialogo parlato** (*um diálogo falado*), **una parola scritta** (*uma palavra escrita*). Decidir qual verbo auxiliar utilizar depende de se o verbo que está sendo usado pode assumir um objeto direto; se esse for o caso, então **avere** é o verbo auxiliar, como nos exemplos a seguir:

ho parlato	*eu falei*
hai avuto	*você teve*
ha comprato	*ele (ela) comprou*
abbiamo mangiato	*nós comemos*
avete dormito	*vocês dormiram*
hanno preparato	*eles prepararam*

Para verbos que não admitem um objeto, **essere** é o verbo auxiliar, e o particípio concorda com o sujeito em número e gênero. Como regra geral, os verbos que expressam movimento, ou término de movimento, são conjugados com **essere**.

sono andato, -a	*eu fui*
sei andato, -a	*você foi*
è andato, -a	*ele (ela) foi*
siamo andati, -a	*nós fomos*
siete andati, -a	*vocês foram*
sono andati, -a	*eles foram*

CAPÍTULO 7 Saindo à Noite

115

VOCABULÁRIO SEM MISTÉRIO

Nuances

O uso do **imperfetto** ou do **passato prossimo** pode mudar o significado dos verbos. Duas das nuances mais comuns e mais úteis a se lembrar são apresentadas a seguir. **Sapere** significa *saber fazer algo*; no **imperfetto (sapevo)** significa *eu sabia como...*; no **passato prossimo (ho saputo)** significa *eu descobri...*

O outro significado do verbo *saber,* **conoscere**, refere-se a pessoas e lugares. No **imperfetto (conoscevo)** significa *eu conhecia alguém*; no **passato prossimo (ho conosciuto)** significa *eu conheci alguém* ou *fui apresentado a alguém.* Por exemplo:

Lui sapeva cucinare.	*Ele sabia cozinhar.*
Lui ha saputo cucinare.	*Ele descobriu como cozinhar.*
Conoscevo lui da anni.	*Eu o conheço há anos.*
Ho conosciuto lui ieri.	*Eu o conheci ontem.*

Assim, diríamos: **Ieri sono andato (andata) in centro; abbiamo mangiato bene.** (*Ontem eu fui ao centro*; *nós comemos bem.*) Embora o objeto não seja mencionado, **mangiare** pode assumir um objeto e, por isso, é conjugado com **avere**.

Por fim, é importante saber que **avere** e **essere** só se conjugam consigo mesmo. **Io sono stato (stata)**, mas **Io ho avuto.**

Exercício Escrito 7-4

Traduza as sentenças de 1 a 5 do italiano para o português e as sentenças de 6 a 15 do português para o italiano. Confira as respostas no final do livro.

1. Ieri le bambine sono andate a scuola. _____

2. Ho comprato i biglietti. _____

3. Lui ha pranzato con gli amici. _____

4. Abbiamo parlato con Franco ieri. _____

5. Le donne sono arrivate alle 8,00 (otto). _____

6. Ele entendeu? _____

Conversação em Italiano Sem Mistério

7. Nós fomos a *La Bohème*. _____
8. O tempo estava lindo ontem. _____
9. A criança tinha dez anos. _____
10. Eu não estava feliz. _____
11. Quando ele cantou, ela chorou (**piangere: pianto**). _____
12. Eles saíram na segunda-feira. _____
13. Mario, você (**tu**) comeu os biscoitos? _____
14. Nós estávamos em casa. _____
15. Crianças, onde vocês foram? _____

Exercício Oral 7-1

 FAIXA 9

Ouça e leia junto a breve história. Em seguida, responda às perguntas de 1 a 4 usando o **imperfetto** e às perguntas de 5 a 8 usando o **passato prossimo**. Confira as respostas no CD.

C'era una ragazza motto bella. Si chiamava Cenerentola. Abitava con due brutte sorellastre (*irmãs postiças*). Un giorno hanno ricevuto un invito a un ballo che dava il re. Il re voleva trovare una moglie per suo figlio, il principe. Le sorellastre sono andate al ballo. La bella ragazza voleva andare, ma non aveva un vestito. Tutt'ad un tratto è arrivata una buona fata; e ha mandato la bella ragazza al ballo con un bel vestito bianco ed oro. Il principe si è innamorato subito di Cenerentola. Ma lei è andata via a mezzanotte. Il principe cercava, cercava, cercava Cenerentola e finalmente ha trovato la bella ragazza, grazie a una scarpetta di cristallo. Ha sposato Cenerentola e erano tutt'e due molto felici.

1. Com'era Cenerentola?
2. Com'erano le sorellastre?
3. Com'era il vestito di Cenerentola?
4. Cosa ha fatto il principe quando Cenerentola è andata via?
5. Cosa hanno ricevuto dal re?
6. Chi ha dato il vestito a Cenerentola?
7. A mezzanotte, cosa ha fatto Cenerentola?
8. Chi ha sposato il principe?

CAPÍTULO 7 Saindo à Noite | **117**

Diário: Escrita Direcionada

Esta breve entrada no diário deve ser escrita todos os dias, até que o vocabulário e as formas se tornem naturais para você. Preste atenção à leitura deste diário, já que há novas entradas.

Oggi è _____, il (l') _____ _____.

Fa _____ tempo. Ieri _____.

Oggi vorrei _____. Ieri _____.

Come sono io? Sono _____, _____,

_____.

Da bambino (-a) _____ intelligente e simpatico (-a).

Mangio a (alle) _____.

La mia famiglia è _____.

Oggi _____.

Ieri era (*Ontem era*) _____ (giorno– *dia*).

(*Eu comi*) _____ a un ristorante piccolo (*em um pequeno restaurante*).

TESTE RÁPIDO

Responda às perguntas a seguir sobre os diálogos. Ouça os diálogos novamente antes de começar.

1. I biglietti di palco erano cari? _____

2. Il teatro sperimentale dava un'opera o un dramma? _____

3. Quale drammaturgo inglese usava spesso personaggi dalla commedia dell'arte nelle sue opere? _____

4. Dove hanno mangiato Jake e Beatrice dopo l'opera? _____

5. Cosa ha detto cameriere? _____

As perguntas a seguir são sobre você. Responda usando frases completas. Confira as respostas no final do livro para ver exemplos.

6. Hai mai visto «La Bohème»? _____

7. Da bambino (bambina), studiavi volentieri? _____

8. Sei andato (andata) in Italia? _____

9. Quale città in Italia vorresti visitare? _____

10. Quanti anni avevi quando sei andato (andata) a scuola? _____

CAPÍTULO 8

Atividades ao Ar Livre

Neste capítulo, você verá:

Visitando Jardins e Vilas
O si Impessoal e o Reflexivo
Visitando Paisagens Etruscas
Usando Contrações
Usando Preposições
Observando a Arquitetura
Obtendo Direções

Visitando Jardins e Vilas

 FAIXA 10

Ouça o diálogo, pausando após cada sentença e repetindo-a. Beatrice e Jake estão planejando uma visita às vilas e jardins nas cercanias de Florença. Aonde eles acabam indo?

BEATRICE: Hai notato che ci sono mazzi di erbe aromatiche dal fruttivendolo?	*Você notou que há buquês de ervas na quitanda?*
JAKE: Sì, ci sono sempre salvia, rosmarino, basilico e altre erbe.	*Sim, sempre tem sálvia, alecrim, manjericão e outras ervas.*
BEATRICE: Si usa il basilico non solo per cucinare. Ho visto del basilico – la pianta – in cucina. Dopo avere preparato il pesce, ad esempio, si usa per togliere l'odore dalle mani.	*Eles usam manjericão não apenas para cozinhar. Eu já vi o manjericão – a planta – nas cozinhas. Depois de preparar o peixe, por exemplo, eles usam para remover o cheiro das mãos.*
JAKE: È molto intelligente. Però, i giardini che visitiamo sono proprio enormi. Tutte le ville Medici hanno dei giardini spettacolari.	*Isso é muito inteligente. Os jardins que vamos visitar, no entanto, são verdadeiramente enormes. Todas as vilas dos Medici têm jardins espetaculares.*
BEATRICE: Invece di visitare le ville Medici, cosa che abbiamo già fatto, perché non andiamo a Stia. C'è il Palagio Fiorentino con dei bei giardini.	*Em vez de visitar as vilas dos Medici, o que nós já fizemos, por que não vamos a Stia? Há o Palagio Fiorentino com belos jardins.*
JAKE: No, è chiuso. È aperto soltanto da giugno a settembre. Ed il Parco Demidoff è anche chiuso. Ci sono andato una volta per una festa. Là si trova quella statua enorme – come si chiama? – l'Appennino, di Giambologna.	*Não, está fechado. Só fica aberto de junho a setembro. E o Parco Demidoff também está fechado. Eu fui lá uma vez em uma festa. É lá onde está aquela estátua enorme – qual é o nome? – l'Appennino, de Giambologna.*
BEATRICE: Per le nozze di Graziana andiamo alla Villa Medici la Ferdinanda. Perché non torniamo al Giardino di Boboli. C'è la grotta; ci sono i giardini segreti, i cipressi. Insomma, c'è tanto da vedere. È uno dei più grandiosi giardini d'Italia.	*Para o casamento de Graziana, vamos à Vila dos Medici, la Ferdinanda. Por que não voltamos aos jardins Boboli? Tem a gruta; e tem os jardins secretos, as árvores cipestres. Resumindo, há muito o que ver. É um dos maiores jardins na Itália.*
JAKE: Va bene. E possiamo fare una passeggiata dopo, al Piazzale Michelangelo.	*OK. E podemos caminhar depois até o Piazzale Michelangelo.*
BEATRICE: Uffa! Se ce la faccio...	*Ufa! Se eu conseguir.*

Revisão do Diálogo 8-1

Responda às perguntas a seguir sobre os planos de Jake e Beatrice. Se precisar, ouça o diálogo uma segunda vez. Pause após cada sentença e repita. Confira as respostas no final do livro.

CAPÍTULO 8 Atividades ao Ar Livre   121

1. Dal fruttivendolo si trovano mazzi di che cosa? _____

2. Per che cosa si usa il basilico? _____

3. Jake e Beatrice hanno già visitato le ville Medici? _____

4. Dov'è la statua colossale dell'Appenino? _____

5. Dove hanno deciso di andare? _____

O *si* Impessoal e o Reflexivo

Você já viu o **si** impessoal diversas vezes até agora. **Si parla inglese**, geralmente apresentado em um pequeno cartaz na vitrine das lojas, significa *fala-se inglês*. **Si dice** seria equivalente a *dizem*. E o onipresente **Non si fa**, geralmente ouvido quando dirigido a crianças pequenas, significa *isso não se faz*.

O **si** também é usado com verbos reflexivos. Esses verbos são conjugados como qualquer outro verbo, mas assumem um pronome adicional entre o pronome pessoal e o verbo. Você já usa o reflexivo **chiamarsi** (*chamar-se*) desde o Capítulo 1. Ele é conjugado como segue:

io **mi** chiamo	*eu me chamo*	noi **ci** chiamiamo	*nós nos chamamos*
tu **ti** chiami	*você se chama*	voi **vi** chiamate	*vocês se chamam*
lui (lei) **si** chiama	*ele (ela) se chama*	loro **si** chiamano	*eles se chamam*
Lei **si** chiama	*o Sr/a Sra. se chama*	Loro **si** chiamano	*vocês (formal) se chamam*

Alguns exemplos:

Come ti chiami?	*Como você se chama?*
Come si chiama il ragazzo?	*Como o garoto se chama?*
Ci chiamiamo Bertoli.	*Nós nos chamamos Bertoli.*
Mi chiamo Elisabetta.	*Eu me chamo Elisabete.*

Muitos verbos que são reflexivos em italiano não são necessariamente reflexivos em português. Os verbos reflexivos a seguir podem ajudar no dia a dia.

addormentarsi	*adormecer*	lavarsi	*lavar-se, banhar-se*
alzarsi	*levantar-se*	pettinarsi	*pentear-se*
divertirsi	*divertir-se*	svegliarsi	*acordar*
mettersi	*vestir-se*		

Exercício Escrito 8-1

Traduza as sentenças a seguir do italiano para o português. Confira as respostas no final do livro.

1. Normalmente mi sveglio alle 5,00. _____
2. A che ora ti alzi? _____
3. Mi lavo i denti. _____
4. Si pettina. _____
5. Si mette una cravata. _____
6. Ci divertiamo moltissimo con loro. _____
7. Vi addormentate presto. _____
8. I bambini si lavano le mani prima di mangiare. _____

Exercício Escrito 8-2

FAIXA 11

Responda às perguntas a seguir, prestando bastante atenção aos verbos. Eles estão no **presente**, no **passato prossimo** ou no **imperfetto**? Confira as respostas no final do livro e no CD.

1. Cosa c'è da vedere al Giardino di Boboli? _____
2. Hai gia visto un giardino formale? _____
3. Ti piace lavorare in giardino? _____
4. Ci sono giardini famosi negli Stati Uniti? _____
5. Si usa molto basilico nella cucina italiana? _____
6. Che cosa non si fa in chiesa? _____
7. Cosa hai fatto ieri? _____
8. Eri un bambino (una bambina) felice? _____
9. A che ora ti alzi di solito? _____
10. Ti piace fare un picnic? _____

CAPÍTULO 8 Atividades ao Ar Livre

CULTURA SEM MISTÉRIO

Vilas

Uma **villa** se refere a uma grande casa de campo. As mais famosas, é claro, são as vilas da família Medici e as projetadas por Andrea Palladio, na região de Vêneto. Também há muitas propriedades familiares, dos Gonzaga, dos Sforza, dos Montefeltro e dos Este. Geralmente, elas ostentam belas obras de arte, já que as famílias eram patronas das artes. Vilas que não devem ser ignoradas são as antigas vilas romanas, como a de Adriano, próximo a Roma. Muitas, se não todas, têm belos jardins. Na Itália, há mais de 1.200 vilas, **palazzi** (*palácios*) e **castelli** (*castelos*) abertos ao público. Alguns foram transformados em hotéis; outros, em museus.

Visitando as Paisagens Etruscas

 FAIXA 12

Ouça o diálogo a seguir entre Jake, Beatrice e Graziana. Pause após cada sentença e repita. Em seguida, responda às perguntas. Confira suas respostas no final do livro. Graziana passou o dia como guia de Jake e Beatrice em vários locais etruscos.

JAKE: Grazie infinite, Graziana, per essere venuta con noi oggi.

Muito obrigado, Graziana, por ter vindo conosco hoje.

GRAZIANA: Figurati, Jake. Io avevo proprio bisogno di scappare per un po'. Non ne potevo più! Ormai tutto è preparatissimo per le nozze. E volevo vedere voi due.

Por favor, Jake. Eu precisava fugir um pouco. Eu não aguentava mais! Tudo está mais que preparado para o casamento. E eu queria ver vocês dois.

JAKE: Grazie a te, abbiamo potuto visitare la tomba «La Montagnola». Non la conoscevo.

Graças a você nós conseguimos visitar a sepultura de Montagnola, eu não a conhecia.

GRAZIANA: Sai che il padre di una mia cara amica ha scoperto quella tomba.

O pai de uma amiga próxima descobriu essa sepultura.

BEATRICE: Davvero?

Verdade?

GRAZIANA: Sì, lui fa l'architetto ma è molto appassionato di archeologia.

Sim, ele é arquiteto, mas é muito apaixonado por arqueologia.

JAKE: La cosa più interessante per me è che quella tomba rispecchia la tomba di Atreo. Ovviamente gli Etruschi hanno viaggiato e hanno imparato molto dalle culture del Medio Oriente e della Grecia.

BEATRICE: Per me la cosa etrusca più commovente è la chimera di Arezzo al Museo Nazionale Archeologico di Firenze.

JAKE: Sono d'accordo. Era un mostro, ma quella statua ha un aspetto – non lo so – quasi umano. Si vede che la chimera è ferita, sta per morire; e sembra triste.

GRAZIANA: Molte persone sono d'accordo con te. Ho un'altra amica americana che, la prima volta che ha visto la chimera, ha cominciato a piangere. Lei va a vedere la chimera ogni volta che si trova a Firenze.

BEATRICE: Hai già sentito parlare della sindrome di Stendhal? Capita quando hai visto troppa bellezza, per così dire. È una vera malattia.

GRAZIANA: Bene, a Firenze è un vero rischio.

A coisa mais interessante para mim é que essa sepultura é uma imagem espelhada do Tesouro de Atreo. Obviamente, os etruscos viajaram e aprenderam muito com as culturas do Oriente Médio e da Grécia.

Para mim, a obra etrusca mais comovente é a Quimera de Arezzo, no Museu Nacional de Arqueologia em Florença.

Eu concordo. Era um monstro, mas a estátua parece – não sei – quase humana. Podemos ver que a Quimera está ferida, prestes a morrer; ela parece triste.

Muitas pessoas concordam com você. Tenho outra amiga americana que começou a chorar da primeira vez em que viu a Quimera. Ela visita a Quimera toda vez que vem a Florença.

Você já ouviu falar da síndrome de Stendhal? Ela nos afeta quando entramos em contato com muita beleza, por assim dizer. É uma doença real.

Bem, em Florença esse é um verdadeiro risco.

Revisão do Diálogo 8-2

Ouça o diálogo novamente e, em seguida, responda às perguntas. Confira as respostas no final do livro.

1. Perché Graziana voleva scappare? _____
2. Dove sono andati gli amici? _____
3. Chi ha scoperto la tomba La Montagnola? _____
4. Gli etruschi erano viaggiatori? _____
5. Cos'è la chimera? _____
6. Hai già sofferto dalla sindrome di Stendhal? _____

CAPÍTULO 8   Atividades ao Ar Livre | **125**

Usando Contrações

Durante todo o livro você viu, ouviu e provavelmente usou contrações – mesmo sem pensar sobre elas. Elas oferecem uma linguagem fluente, combinando preposições aos artigos definidos (consulte o Capítulo 1). As formas mais comuns são:

Artigos e Preposições	il	l'	lo	i	gli	la	le
a (em, no, na)	al	all'	allo	ai	agli	alla	alle
con (com); um tanto arcaico, mas ainda usado	col	coll'	collo	coi	cogli	colla	colle
da (de)	dal	dall'	dallo	dai	dagli	dalla	dalle
di (de); torna-se **de** para ser combinado	del	dell'	dello	dei	degli	della	delle
in (em, para); torna-se **ne** para ser combinado	nel	nell'	nello	nei	negli	nella	nelle
su (em, sobre)	sul	sull'	sullo	sui	sugli	sulla	sulle

Quando a preposição **di** é combinada com um artigo, ela não significa simplesmente *de*; ela também é usada para significar *alguns*, como em **degli amici** (*alguns amigos*), **del vino** (*algum vinho*), **delle ragazze** (*algumas garotas*), **dei vestiti** (*alguns vestidos*).

Usando Preposições

Sem dúvida, o que há de mais difícil em qualquer idioma são as preposições. As preposições são, ou parecem ser, idiossincráticas. Elas parecem não seguir regras; a mesma preposição pode ter muitos significados diferentes; e, em italiano, as preposições são combinadas com os artigos, *caso* a frase que você esteja construindo precise de um artigo.

As frases a seguir mostram alguns dos usos de diversas preposições.

A

Para ir a uma cidade, usa-se **a**:

Io vado **a** Roma. *Eu vou a Roma.*

Tu vai **a** Firenze. *Você vai a Firenze.*

Para ir a um país, ou a uma grande ilha, usa-se **in**:

Io vado **in** Italia. *Eu vou à Itália.*

Tu vai **in** Francia. *Você vai à França.*

Lui va **in** Sicilia. *Ele vai à Sicília.*

Para ir a um país, ou a uma grande ilha, quando o lugar é descrito por um adjetivo, usa-se uma forma contraída de **in** + o artigo:

Io vado **nell'**Italia centrale.	*Eu vou à Itália central.*
Tu vai **nell'**Africa equatoriale.	*Você vai à África equatorial.*
Lei va **negli** Stati Uniti.	*Ela vai aos Estados Unidos.*

IN

Frequentemente, **in** não admite um artigo. Ele é usado para indicar meios de transporte, bem como simplesmente *em* ou *para*.

I ragazzi vanno **in** treno.	*As crianças vão de trem.*
Io vado **in** bicicletta.	*Eu vou de bicicleta.*
Lui va **in** ufficio.	*Ele vai ao escritório.*
Io lavoro **in** giardino.	*Eu trabalho no jardim.*
Noi andiamo **in** chiesa la domenica.	*Nós vamos à igreja todos os domingos.*

DA

Para mais informações sobre **da**, consulte o Capítulo 1.

Não se preocupe quanto a cometer erros com preposições, usá-las como você usaria em português ou esquecer qual usar. Essas pequenas palavras são assunto de livros inteiros e, mesmo assim, dependendo do local ou da idade do falante, seu sentido pode variar.

Exercício Oral 8-1

Ouça as perguntas a seguir. Leia junto, ou não, conforme preferir. Você pode, primeiro, ouvir as perguntas e, depois, ler as formas escritas, caso não entenda tudo. Confira as respostas no final do livro e no CD.

1. Quali sono tre erbe aromatiche?
2. Ci sono molte ville storiche in Italia?
3. Invece di visitare le ville Medici, dove sono andati Jake e Beatrice?
4. Cosa fa il signore che ha scoperto la tomba etrusca?
5. Gli Etruschi hanno copiato o imitato altre culture?
6. La chimera era gentile e dolce?

CAPÍTULO 8 Atividades ao Ar Livre

7. Hai già visitato una tomba etrusca?
8. Dove si trovano erbe aromatiche?

Observando a Arquitetura

 FAIXA 14

Ouça o diálogo a seguir entre Jake e Beatrice. Pause após cada sentença e repita. Depois, responda às perguntas. Confira as respostas no final do livro.

BEATRICE: L'architettura fiorentina e proprio rinascimentale.

A arquitetura florentina é realmente renascentista.

JAKE: Però, si possono vedere livelli diversi di civiltà e di architettura. L'anfiteatro romano, o una parte, è sempre visibile vicino a Santa Croce.

Pode-se ver, no entanto, os diferentes níveis de civilização e de arquitetura. O anfiteatro romano, ou parte dele, ainda está visível próximo a Santa Croce.

BEATRICE: Hai già visitato Lucca, Jake? C'è un anfiteatro romano che è ovale, con edifici più moderni che "crescono" dalle mura.

Você já visitou Lucca, Jake? Há um anfiteatro romano que é oval, com construções mais modernas que "saem" das paredes.

JAKE: A me piace l'architettura del Rinascimento. Quando abbiamo visitato il Palazzo Strozzi, ad esempio, ho potuto immaginare il potere della famiglia.

Eu gosto da arquitetura renascentista. Quando visitamos o Palazzo Strozzi, por exemplo, eu pude sentir o poder da família.

BEATRICE: Io ho sempre pensato al Palazzo Strozzi come al "Darth Vader" dei palazzi. È forte, scuro, elegante, e ben costruito, solido. Tu sai che ci lavoravo; usavo una delle biblioteche.

Eu sempre pensei no Palazzo Strozzi como o "Darth Vader" dos palácios. Ele é forte, escuro, elegante e muito bem construído, sólido. Sabe que eu trabalhava lá? Eu usava uma das bibliotecas.

JAKE: No, non lo sapevo. Dopo tanti anni continuo a scoprire cose nuove di te. Ciò che mi piace qui in Italia è che non distruggono gli edifici antichi.

Não. Eu não sabia disso. Após tantos anos, eu continuo a aprender novas coisas sobre você. O que eu gosto na Itália é que eles não destroem as construções antigas.

BEATRICE: La casa di Paolo si trova in un edificio costruito nel '300.

A casa de Paolo fica em um edifício construído nos anos de 1300.

JAKE: Per andare dalla casa di Paolo, cioè dal Ponte Vecchio, al Duomo, dove andiamo?

Para ir da casa de Paolo, isto é, da Ponte Vecchio, até a catedral, por onde vamos?

BEATRICE: È semplice. Andiamo sempre diritto. Passiamo il Porcellino e la piazza della Repubblica, e poi a destra c'è il Duomo.

É fácil. Seguimos em frente, direto. Passamos pela estátua de Porcellino e pela Piazza della Repubblica e depois, à direita, fica a catedral.

JAKE: E dopo, per andare al Mercato Centrale?

E depois, para chegar ao Mercato Centrale?

BEATRICE: Il mercato non è molto lontano. Dal Duomo giriamo a destra e seguiamo via de' Martelli fino alla piazza San Lorenzo. Poi giriamo a sinistra e passiamo per il Mercato di San Lorenzo. Dopo un po' arriveremo al Mercato Centrale. Il mercato, con due piani e l'architettura moderna, è difficile perdere.

O mercado não fica muito longe. Da catedral, viramos à direita e seguimos a Via de' Martelli até a Piazza San Lorenzo. Depois, viramos à esquerda e passamos pelo Mercato di San Lorenzo. Depois de pouco tempo, chegaremos ao Mercato Centrale. O mercado, com seus dois andares e arquitetura moderna, é difícil não notar.

JAKE: Siamo fortunati, sai? Abbiamo visto la storia.

Temos sorte, sabia? Nós vimos a história.

BEATRICE: E abbiamo passeggiato per tutta la città, almeno per la parte storica.

E passeamos por toda a cidade, ou pelo menos pela parte histórica.

Revisão do Diálogo 8-3

Ouça o diálogo novamente, antes de responder às seguintes perguntas com **vero** ou **falso** (verdadeiro ou falso). Confira as respostas no final do livro.

_____ 1. L'anfiteatro a Firenze è ovale.

_____ 2. Il Mercato Centrale è vicino al Duomo.

_____ 3. A Jake piace il Palazzo Sfrozzi.

_____ 4. Beatrice lavorava a Fiesole.

_____ 5. Jake e Beatrice si considerano fortunati.

CULTURA SEM MISTÉRIO

Viagem Especializada na Itália

É possível visitar a Itália de uma maneira bastante "especializada". Há cidades e lugares etruscos, romanos, medievais, renascentistas, barrocos, entre outros. As obras de artistas específicos podem representar um passeio por toda a península: considere o caminho de Piero della Francesca, que Jake e Beatrice seguirão, de Arezzo a Monterchi e de San Sepolcro a Urbino e de volta a Florença. Também é possível fazer um passeio de degustação, indo de uma extremidade da península à outra.

CAPÍTULO 8 Atividades ao Ar Livre | 129

Obtendo Direções

A melhor coisa a fazer ao pedir direções é ter em mãos um mapa da área que você está visitando. Então, pode começar com **Siamo qui.** (*Estamos aqui.*) A partir do ponto inicial, é possível seguir as direções que alguém der no mapa. O vocabulário para pedir direções pode ser reduzido a poucas palavras. Não se esqueça das palavras mais importantes: **per favore** (*por favor*) e **grazie** (*obrigado*).

Dov'è...?	*Onde fica...?*
È lontano (vicino)?	*Fica longe (perto)?*
È molto lontano. Deve prendere l'autobus numero 14a.	*É muito longe. Tem que pegar o ônibus número 14a.*
La fermata dell'autobus è qui vicino.	*O ponto do ônibus é perto daqui.*
Deve girare a destra (a sinistra) in via Tornabuoni.	*Deve virar à direita (à esquerda) na rua Tornabuoni.*
Vada sempre dritto.	*Vá em frente direto.*

Exercício Escrito 8-3

Você está planejando duas semanas na Itália. Preencha os espaços em branco no itinerário a seguir. Encontre itinerários de trem. Localize hotéis. Liste uma coisa para fazer ou ver em cada dia. Se precisar de informações, consulte o Anexo A: Recursos. Considere saídas diárias para fora das grandes cidades.

Giorno e data	Città	Hotel	Da vedere o da fare
Venerdì, il 2 maggio	Roma	_____	_____
_____	Roma	_____	_____
_____	Roma	_____	_____
_____	Roma	_____	_____
_____	Arezzo	_____	_____
_____	Arezzo	_____	_____
_____	Firenze	_____	_____
_____	Firenze	_____	_____
_____	Firenze	_____	_____
_____	Firenze	_____	_____
_____	Firenze	_____	_____
_____	Marzabotto	_____	_____

_____	Milano	_____	_____
_____	Milano	_____	_____
_____	Milano	_____	_____

(Às segundas-feiras os museus estão fechados, mas NÃO em Fiesole.)

Diário: Escrita Direcionada

As entradas do diário mudaram. As novas frases refletem aquilo que você aprendeu. Este exercício deve ser realizado diariamente até que as formas e o vocabulário se tornem naturais para você.

Oggi è _____. Ieri era _____.

Fa _____ tempo. Ieri _____.

Ieri _____ (*eu fui*) al Vaticano e alla Basilica di San Pietro (*ao Vaticano e à Basílica de São Pedro*).

_____ (*Eu vi*) la Pietà di Michelangelo (*a Pietà de Michelangelo*). Vorrei (*Eu gostaria*) _____ (*de visitar*) Cremona.

_____ (*Eu tenho*) due settimane di vacanze (*duas semanas de férias*).

L'anno scorso (*Ano passado*) _____ (*eu visitei*) un amico in Italia (*um amigo na Itália*).

TESTE RÁPIDO

Responda às perguntas a seguir com sentenças completas. Confira suas respostas no final do livro.

1. Durante le vacanze, dove sono andati Jake e Beatrice? _____
2. Hanno visitato Roma? _____
3. Quando si sposano Graziana e Paolo? _____
4. Perché è famosa Marzabotto? _____
5. Quando si soffre dalla sindrome di Stendhal? _____
6. Hai già visitato Marzabotto? _____
7. Com'è il Palazzo Strozzi? _____
8. Per che cosa si usa il basilico? _____
9. Dove lavorava Beatrice? _____
10. Come si arriva al Mercato Centrale se si trova al Duomo? _____

CAPÍTULO 9

Celebrações Privadas e Públicas

Neste capítulo, você verá:

Indo a um Casamento
Falando sobre a Família
A Conjugação no Futuro
Em um Festival
Expressando "isto" e "aquilo" com questo *e* quello
Uma Comemoração em um Feriado

Indo a um Casamento

 FAIXA 15

Ouça o diálogo a seguir entre Beppe e Marisa. Eles e as garotas estão em uma pequena igreja romanesca no campo. Eles acabaram de chegar do casamento de Graziana e Paolo e estão prestes a pegar uma pequena estrada repleta de pomares de azeitonas até Villa la Ferdinanda, para o jantar do casamento.

MARISA: Le olive sono quasi pronte, vedi? Ragazze, non correte nella vigna! — As azeitonas estão quase maduras, está vendo? Garotas, não corram no vinhedo!

BEPPE: Questa vigna è molto bella. Sarà un buon raccolto. — Este vinhedo está realmente belo. Provavelmente será uma boa safra.

MARISA: Speriamo! Graziana era bellissima. — Vamos esperar que sim! Graziana estava belíssima.

BEPPE: Sì, ed anche tu eri bellissima. Quando hai parlato in chiesa, ho quasi pianto. — Sim, e você estava belíssima também. Quando falou na igreja, eu quase chorei.

MARISA: Perché? Ho detto solo che volevo per loro la stessa felicità che noi godiamo. — Por quê? Eu só disse que desejava a eles a mesma felicidade que temos.

BEPPE: Ecco perché. Sono romantico, lo sai. — É por isso. Eu sou romântico, você sabe.

MARISA: Tutta la famiglia del babbo di Graziana è venuta. Sapevo che il padre era romano; ma che lui aveva cinque fratelli? Non lo sapevo. In chiesa tutti piangevano. — A família do pai de Graziana estava lá. Eu sabia que o pai dela era de Roma; mas que ele tinha cinco irmãos? Eu não sabia disso. Na igreja, todos estavam chorando.

BEPPE: Hai parlato con Jake e Beatrice? — Você falou com Jake e Beatrice?

MARISA: No, parlerò loro stasera. La prossima settimana loro andranno a Sant'Angelo in Vado e ho un amico che lavora all'Istituto Nazionale della Ricerca sul Tartufo. – Sai, a volte mi chiedo che tipo di ragazzi sposeranno le nostre figlie. — Não. Vou falar com eles essa noite. Na semana que vem, eles irão a Sant'Angelo in Vado e eu tenho um amigo que trabalha no Instituto de Pesquisa de Trufas. – Sabe, às vezes me pergunto com que tipo de garotos nossas meninas se casarão.

BEPPE: Le nostre figlie non si sposeranno. Non lo permetterò. Non usciranno, mai, con un ragazzo. — As meninas não vão se casar. Eu não permitirei. Elas nunca terão encontros.

MARISA: Davvero? Sei sentimentale ed autoritario. Quindi vivranno con noi per sempre? — Mesmo? Você é sentimental e autoritário. Então elas vão viver conosco para sempre?

BEPPE: Eh... — Eh...

MARISA: I fratelli del padre di Graziana erano interessanti. Come si chiamano, ricordi? — Os irmãos do pai de Graziana eram interessantes. Como eles se chamam, você lembra?

BEPPE: Non sono sicuro. Ma quello con la cravatta blu che è molto simpatico è Guido, no? E quello che è un po' grasso si chiama Roberto. — Não tenho certeza. Mas aquele com a gravata azul, que é bastante simpático, é o Guido, não é? E aquele que é um pouco gordo é o Roberto.

CAPÍTULO 9 Celebrações Privadas e Públicas | 133

MARISA: Poi, c'è quello con gli occhi verdi, molto bello... si chiama Fausto. Non ricordo i nomi degli altri.

Depois tem o com os olhos verdes, muito bonito... seu nome é Fausto. Eu não me lembro dos nomes dos outros.

BEPPE: La madre di Graziana è bellissinia, molto elegante.

A mãe de Graziana é belíssima, muito elegante.

MARISA: Come la figlia.

Assim como a filha.

BEPPE: Che bella cosa, la famiglia!

Que coisa bela, a família!

Revisão do Diálogo 9-1

Responda às perguntas a seguir após ouvir o diálogo uma segunda vez. Confira as respostas no final do livro.

1. Dove sono Beppe e Marisa? _____

2. Da dove viene il padre di Graziana? _____

3. Cosa dice Beppe del futuro di Francesca e Paola? _____

4. Dove andranno Beatrice e Jake la settimana prossima? _____

5. Come sono i fratelli del padre di Graziana? _____

6. Com'è la madre di Graziana? _____

Falando sobre a Família

A família permanece sendo uma parte importante da cultura italiana. Aqui estão alguns familiares de primeiro grau:

madre, mamma	*mãe*
padre, papà, babbo	*pai*
genitori	*pais*
figlio, figlia	*filho, filha*
figli	*filhos, em geral*
nonna, nonno	*avó, avô*
nonni	*avós*
sorella, fratello	*irmã, irmão*
zia, zio	*tia, tio*
cugini	*primos*
parenti	*parentes*

Exercício Escrito 9-1

Identifique os parentes descritos.

1. il padre della mamma: _____
2. la sorella del padre: _____
3. il fratello della madre: _____
4. i genitori del babbo: _____
5. i figli dello zio: _____
6. la figlia del nonno: _____
7. la madre di mia sorella: _____
8. la madre dei cugini: _____

Conjugação no Futuro

O futuro em italiano geralmente *não* é formado usando *ir* e um infinitivo – infelizmente, já que essa conjugação é a melhor amiga de todos os alunos iniciantes de um idioma. As terminações para todas as três conjugações, no entanto, são iguais e são substituídas pelo **e** final do infinitivo.

Diversos verbos comumente usados possuem radicais irregulares (consulte o Anexo B), e os verbos com **-are** mudam o **a** característico para **e**, principalmente por motivos de facilidade de pronúncia. Observe a sílaba final tônica nas formas da primeira e terceira pessoas do singular (**io, lui, lei**).

	parlare (*falar*)	**scrivere** (*escrever*)	**dormire** (*dormir*)
io	parlerò	scriverò	dormirò
tu	parlerai	scriverai	dormirai
lui, lei	parlerà	scriverà	dormirà
noi	parleremo	scriveremo	dormiremo
voi	parlerete	scriverete	dormirete
loro	parleranno	scriveranno	dormiranno

Beppe e Marisa usam o futuro no diálogo anterior não só para falar sobre o que vai acontecer, mas para indicar probabilidade. **"Sarà un buon raccolto."** (*Provavelmente será uma boa safra.*) – diz Beppe. Frequentemente, o futuro duplo é usado: **Quando arriverò, ti chiamerò.** (*Quando eu chegar, eu ligarei.*)

CAPÍTULO 9 Celebrações Privadas e Públicas 135

CULTURA SEM MISTÉRIO

Um Jantar de Casamento

Assim como no Brasil, um jantar de casamento pode durar por horas, e pode ser seguido por um baile. Há muitos brindes. Pequenos saquinhos de **confetti** (*amêndoas açucaradas*) são distribuídos, bem como presentes a todos os que compareceram.

Enquanto os fotógrafos estão ocupados, temos:

apperitivi e piccoli rustici	*bebidas e aperitivos*
buffet di antipasti toscani	*um bufê de antepastos*
fettunta alla brace con olio di olivo	*pequenas rodelas de pão com azeite de oliva*

Um exemplo de cardápio para o jantar pode ser:

pasta fresca ai porcini	*massa fresca com cogumelos porcini*
risotto al pescatore	*risoto de frutos do mar*
branzino al sale con patate in salsa di capperi	*robalo ao sal com batatas ao molho de alcaparras*
sorbetto al limone	*sorvete de limão*
cosciotto di vitella con verdura e bietole all'agro	*assado de vitela com vegetais e beterraba picada*
macedonia di frutta fresca	*salada de frutas frescas*
torta nuziale	*bolo de casamento*
spumante	*champanhe*

Após o jantar no salão, doces, café e licores são oferecidos.

Prática Escrita 9-2

Usando o tempo futuro, preencha os verbos na curta passagem a seguir. Sinta-se livre para consultar as formas no Anexo B se estiver inseguro quanto a elas. Confira as respostas no final do livro.

Le ragazze (1) _____ (andare) all'università ma (2)
_____ (vivere) a casa. Quando (3) _____
(finire), io (4) _____ (comprare) per loro una casa. Francesca
(5) _____ (studiare) la letteratura italiana e Paola (6)
_____ (essere) artista.

Em um Festival

 FAIXA 16

Ouça a conversa a seguir entre Jake e Beatrice. Pause após cada sentença e repita. Em seguida, responda às perguntas que se seguem. Confira as respostas no final do livro.

BEATRICE: Non vedo l'ora di arrivare a Sant'Angelo in Vado. Marisa mi ha dato il nome del direttore dell'Istituto Nazionale per la ricerca sul tartufo. Spero che potremo visitare l'Istituto.

JAKE: E comprerai dei tarfufi?

BEATRICE: Magari! È il cibo più caro del mondo!

JAKE: Qualche anno fa, c'è stato uno scandalo riguardo ai tartufi. Alcuni cani (i cani che trovano i tartufi) sono state avvelenate.

BEATRICE: No! Quei cani sono un vero investimento. C'è anche una scuola per loro, al nord, credo.

JAKE: A Sant'Angelo in Vado c'è una statua, vicino all'Istituto, di un cane-cacciatore. E c'è una placca che dice: «All'inseparabile compagno della caccia».

BEATRICE: Leggevi di nuovo la guida?

JAKE: No, Graziana me l'ha detto questo.

BEATRICE: Ci sono moltissime e variate sagre o festival in Italia: c'è una sagra della patala che ricorda questo prodotto indispensabile durante la seconda guerra mondiale; c'è una sagra della bruschetta, dopo la raccolta delle olive; c'è una sagra dell'asparago verde e una del pesce (no – ci sono molte sagre del pesce in varie regioni d'Italia). Le sagre contribuiscono a un senso di identità. Ci sono sagre che festeggiano posti speciali e quelle storiche. Puoi mangiare bene ed imparare allo stesso momento se frequenti le sagre.

Mal posso esperar para chegar a Sant'Angelo in Vado. Marisa me deu o nome do diretor do Instituto Nacional de Pesquisas com Trufas. Espero que possamos visitar o Instituto.

Você vai comprar trufas?

Quem me dera! É a comida mais cara do mundo!

Há alguns anos, houve um escândalo envolvendo as trufas. Alguns dos cachorros (os cachorros que buscam as trufas) foram envenenados.

Não! Esses cães são um verdadeiro investimento. Tem até uma escola para eles, no norte, eu acho.

Em Sant'Angelo in Vado tem uma estátua, perto do Instituto, de um cão de caça. E tem uma placa que diz: "Ao companheiro inseparável de caça".

Você estava lendo o guia?

Não, Graziana me contou isso.

Há muitos festivais na Itália: tem o festival de batatas, que nos lembra desse indispensável artigo durante a Segunda Guerra Mundial; tem o festival de bruschetta, após a colheita das azeitonas; tem um festival dos aspargos verdes e um de peixes (não – há muitos festivais de peixe em diversas partes da Itália). Os festivais contribuem para uma noção de identidade. Há festivais que celebram lugares especiais e aqueles que são históricos. Você pode comer bem e aprender ao mesmo tempo, se for aos festivais.

CAPÍTULO 9   Celebrações Privadas e Públicas

JAKE: Sei contenta quando mangi bene.
BEATRICE: Certo. È normale, no?
JAKE: Dobbiamo ricordare i festival che non festeggiano le tradizioni culinarie. Ad esempio, c'è il festival di due mondi, quello della musica, a Spoleto. C'è il festival a Pesaro, quella città sull'Adriatico che festeggia la musica di Rossini e un altro a Torre del Lago che celebra la musica di Puccini.
BEATRICE: Sai, il mio festival preferito e quello del grillo a Firenze, quello che festeggia la primavera.
JAKE: Ce ne sono tantissimi. Come facciamo una scelta?
BEATRICE: Be', dato che si festeggiano tutto l'anno e in tutte le parti del paese, dovremo passare più tempo qui.

Você fica feliz quando está comendo bem.
É claro. Isso é normal, não é?
Temos que nos lembrar dos festivais que não celebram tradições culinárias. Por exemplo, tem o festival dos dois mundos, o festival musical, em Spoleto. Tem um festival em Pesaro, aquela cidade no Adriático, que celebra a música de Rossini, e outro em Torre del Lago, que celebra a música de Puccini.
Sabe, meu preferido é o festival de críquete em Florença, que celebra a primavera.
Há tantos deles. Como escolhemos a quais ir?
Bem, considerando que eles acontecem durante todo o ano, e em todo o país, só teremos de passar mais tempo aqui.

Revisão do Diálogo 9-2

Responda às perguntas a seguir e depois confira as respostas no final do livro.

1. Dove passeranno il giorno Jake e Beatrice? _____
2. Chi è «l'inseparabile compagno della caccia»? _____
3. Hai già mangiato tartufi? _____
4. Quante sagre ci sono in Italia? _____
5. Tutte le sagre sono culinarie? _____
6. Dove ci sono festival musicali? _____

Expressando *isto* e *aquilo* com *questo* e *quello*

Os pronomes demonstrativos **questo** e **quello** significam *isto* e *aquilo*, respectivamente. No entanto, eles são formados de maneira bastante diferente. **Questo** segue todas as regras dos adjetivos; concorda em número e gênero com as palavras que modifica.

| questa casa | *esta casa* | queste case | *estas casas* |
| questo libro | *este livro* | questi libri | *estes livros* |

Quello, no entanto, a menos que esteja sozinho e signifique *aquele* ou *aqueles*, segue um padrão diferente. Duas outras palavras seguem o mesmo padrão, as formas contraídas de **di** e o adjetivo **bello**.

CULTURA SEM MISTÉRIO

Feriados

As celebrações tradicionais dos feriados internacionais variam de região para região na Itália. No geral, são reconhecidas as celebrações padrão do Natal, da Páscoa e do Ano Novo. Como no Brasil, esses são feriados nacionais. E você ouvirá as pessoas falando **Buon Natale!** (*Feliz Natal!*) ou **Buona Pasqua!** (*Feliz Páscoa!*) ou, ainda, **Buon Anno!** (*Feliz Ano Novo!*). Elas podem simplesmente desejar umas às outras **Tante belle cose!** (*Muitas coisas boas!*) ou **Auguri!** (*Tudo de bom!*). Outros feriados nacionais incluem a Epifania (6 de janeiro, quando presentes costumam ser trocados); a Segunda--feira de Páscoa; o Dia da Libertação (25 de abril, que celebra o fim da Segunda Guerra Mundial); o Dia do Trabalho (1º de maio); o Ferragosto (15 de agosto, quando o mês tradicional de férias começa – e é *o* dia do ano em que é melhor você não tentar chegar a lugar algum pelas estradas e usando o transporte público); o Dia de Todos os Santos (1º de novembro); a festa da Imaculada Conceição (8 de dezembro); e o Santo Stefano (16 de dezembro). As raízes católico-romanas da Itália são evidenciadas no calendário nacional de feriados. Tudo fecha nesses dias.

Os aniversários são comemorados; assim como a **onomastica** (*dia do santo*). (O costume ditava que uma pessoa não poderia receber um certificado de nascimento oficial se não tivesse o nome de um santo reconhecido como parte de seu próprio nome.) Assim, seu aniversário pode ser em setembro, mas seu dia do santo, ou dia do nome, pode ser em qualquer outro dia.

Todas as cidades e regiões publicam calendários de feriados, disponíveis em *sites* da internet, e eles podem ser úteis ao planejar uma viagem.

	il	lo	l'	i	gli	la	l'	le
bello	bel	bello	bell'	bei	begli	bella	bell'	belle
di	del	dello	dell'	dei	degli	della	dell'	delle
quello	quel	quello	quell'	quei	quegli	quella	quell'	quelle

Para usar **quello** ou **bello**, é preciso lembrar-se do artigo que o substantivo modificado assumiria, e depois mudar o adjetivo de acordo. Isso se torna natural com a prática. Por exemplo, considere as seguintes unidades de palavras:

un bel libro	*um belo livro*	dei bei libri	*alguns belos livros*
un bello studente	*um belo estudante*	un bell'uomo	*um belo homem*
dei begli stati	*alguns belos estados*		

CAPÍTULO 9   Celebrações Privadas e Públicas | 139

CULTURA SEM MISTÉRIO

Véspera de Ano Novo, ao estilo Italiano

Os feriados na Itália são, em geral, aqueles conhecidos e celebrados em todo o mundo ocidental. Há tradições e comidas associadas a todos. A véspera de Ano Novo, por exemplo, costumava ser uma época (e ainda é em algumas partes do país) em que as pessoas jogavam fora o que era velho – literalmente, jogando coisas velhas pela janela no meio da rua. Dependendo de quando caem os feriados, os italianos **fanno il ponte**, ou *emendam*, um fim de semana prolongado, adicionando outro dia de folga. Um calendário italiano prova ser útil ao viajar, para que não haja surpresas quando o país fechar em um feriado especificamente italiano.

Se mudássemos **bello** para **quello**, então teríamos:

quel libro	*aquele livro*	quei libri	*aqueles livros*
quello studente	*aquele estudante*	quell'uomo	*aquele homem*
quegli stati	*aqueles estados*		

Tanto **questo** quanto **quello** podem aparecer sozinhos, referindo-se a *este, estes, aquele* ou *aqueles*, mas devem concordar em número e gênero com aquilo a que se referem.

Questo libro o quello? Io preferisco questo.	*Este livro ou aquele? Eu prefiro este.*
Questa casa è bella. Quella non mi piace.	*Esta casa é bonita. Aquela não me agrada.*
Quegli studenti sono meravigliosi! Anche questi.	*Aqueles alunos são maravilhosos! Estes também.*

Uma Comemoração em um Feriado

 FAIXA 17

Ouça a conversa a seguir entre os quatro amigos, Beppe e Marisa, Graziana e Paolo. Eles estão celebrando a véspera de Ano Novo com um jantar na casa do casal recém-casado (a antiga casa de Paolo). Pause e repita cada sentença.

MARISA: Che bella serata! Abbiamo molto da festeggiare quest'anno, no?	*Que bela noite! Temos muito que comemorar este ano, não?*
PAOLO: Sì, è stato un anno incredibile, con le nozze, un nuovo libro per Beppe e un cambio di lavoro per te, Marisa.	*Sim, foi um ano incrível, com o casamento, o novo livro de Beppe e uma mudança de trabalho para você, Marisa.*

GRAZIANA: L'anno prossimo sarà interessante con tutti questi cambiamenti. Beppe, quando è uscito il tuo libro? È una biografia, vero?	*O próximo ano será interessante com todas essas mudanças. Beppe, quando o livro foi publicado? É uma biografia, certo?*
BEPPE: È appena uscito. È una biografia dell'ultima amante di Lord Byron. Era una giovane donna, italiana. Dopo la morte di lui, è vissuta altri cinquanta anni. Viveva vicino a Firenze. È una storia davvero romantica.	*Acabou de sair. É uma biografia da última amante de Lord Byron. Ela era uma jovem italiana. Após a morte dele, ela viveu mais cinquenta anos. Vivia perto de Florença. É uma história realmente romântica.*
PAOLO: Complimenti! Marisa, quando comincerai il nuovo lavoro?	*Parabéns! Marisa, quando você vai começar no novo trabalho?*
MARISA: Fra tre settimane.	*Em três semanas.*
GRAZIANA: Avete sentito che torneranno Jake e Beatrice? Lui prenderà un anno sabbatico e lei lavorerà col babbo di Paolo al ristorante.	*Vocês ficaram sabendo que Jake e Beatrice vão voltar? Ele está de licença e ela vai trabalhar com o pai de Paolo no restaurante.*
MARISA: Che bello! Sarà un piacere conoscerli meglio. Ascoltate! Sentite i fuochi artificiali?	*Que ótimo! Será um prazer conhecê-los melhor. Ouça! Estão ouvindo os fogos de artifício?*
PAOLO: Se guardate verso San Miniato, vedrete tutto. «Firenze, stanotte sei bella in un manto di stelle». Ricordate quella vecchia canzone? Poi stasera Firenze e bella su un manto di fuochi artificiali.	*Se olharem em direção a San Miniato, verão tudo. "Florença, esta noite, você está bela sob um manto de estrelas." Lembra-se dessa velha música? Bem, esta noite, Florença está bela sob um manto de fogos de artifício.*
GRAZIANA: Buon Anno!	*Feliz Ano Novo!*
TUTTI: Buon Anno!	*Feliz Ano Novo!*

Revisão do Diálogo 9-3

Responda às perguntas a seguir, ouvindo o diálogo novamente se necessário. Confira as respostas no final do livro.

1. Qual è la data? _____
2. Dove sono gli amici? _____
3. Cosa ha scritto Beppe? _____
4. Marisa farà che cosa fra poche settimane? _____
5. Quando si usano fuochi artificiali negli Stati Uniti? _____

CAPÍTULO 9 Celebrações Privadas e Públicas | 141

Exercício Escrito 9-3

 FAIXA 18

Traduza as sentenças ou frases a seguir para o italiano. Confira as respostas no final do livro e no CD.

1. Quantos irmãos ele tem? _____
2. Você é sentimental! _____
3. Iremos à casa de Paolo no ano que vem. _____
4. Trufas são muito caras. _____
5. Você visitou aquele Instituto? _____
6. Ele tirou essas fotos. _____
7. Ela é uma mulher elegante. Aquela, que está falando com Beppe. _____
8. Nós fomos a um festival de peixe em Camogli. _____
9. Quando o livro saiu? _____
10. Feliz Ano Novo! _____

Diário: Escrita Direcionada

As entradas do diário mudaram. As novas sentenças refletem aquilo que você aprendeu. Este exercício deve ser realizado diariamente até que as formas e o vocabulário se tornem naturais a você.

Oggi è _____. Ieri era _____.

Vorrei _____ Cremona.

_____ due settimane di vacanze.

L'anno scorso _____ un amico in Italia.

TESTE RÁPIDO

Preencha com a palavra correta cada uma das sentenças a seguir. Em seguida, confira as respostas no final do livro.

Conversação em Italiano Sem Mistério

1. Le ragazze _____ piccole.

   (a) stavano

   (b) avevano

   (c) erano

2. Noi _____ in un albergo bellissimo.

   (a) abbiamo trovato

   (b) siamo stati

   (c) siamo dormito

3. L'anno prossimo, loro _____ a Firenze.

   (a) avranno

   (b) saranno

   (c) partiranno

4. Beppe ha appena pubblicato _____.

   (a) un'autobiografia

   (b) un romanzo

   (c) una biografia

5. Marisa_____ lavoro durante il mese prossimo.

   (a) cambierà

   (b) ha cambiato

   (c) cambiava

6. Escreva os antônimos das palavras a seguir: vecchio /_____; simpatico / _____; bravo /_____; partire /_____; finire /_____.

CAPÍTULO 10

Falando Sobre sua Viagem

Neste capítulo, você verá:

Falando sobre sua Viagem
Revisão dos Pronomes
Planejando sua Próxima Viagem

Falando sobre sua Viagem

 FAIXA 19

Ouça o diálogo a seguir; pause após cada sentença e repita. Jake e Beatrice estão contando ao seu amigo Riccardo, outro ítalo-americano, sobre sua viagem à Itália. Do que você acha que eles mais gostaram?

JAKE: Allora, siamo arrivati il 20 e la nostra amica si è sposata il 22. Le nozze sono state bellissime. Abbiamo conosciuto la famiglia e molti suoi amici. Abbiamo passato il primo giorno con lei e abbiamo visitato una tomba etrusca e il museo archeologico.

BEATRICE: Abbiamo passato il nostro ultimo giorno a visitare una città etrusca.

RICCARDO: Quale?

BEATRICE: Ce n'è soltanto una, Marzabotto. E' davvero affascinante. Gli Etruschi erano così avanti. Al museo abbiamo visto tegole (esattamente come le nostre), un colabrodo, degli specchi, spilli di sicurezza e dadi... C'era anche uno scheletro.

JAKE: Inoltre c'erano vasi e statue bellisimi. Abbiamo comprato un paio di riproduzioni al negozietto del museo.

RICCARDO: Non è a Marzabotto che c'è stata una rappresaglia tremenda – moltissime persone ammazzate – durante la seconda guerra mondiale?

JAKE: Sì, quase 1.900; e abbiamo visitato il cimitero.

RICCARDO: Che altro avete fatto? Dove altro siete andati?

JAKE: Tu conosci Beatrice. Abbiamo mangiato molto cibo delizioso.

BEATRICE: Sono tornata con delle buone idee per il ristorante. Il problema sarà trovare gli ingredienti.

JAKE: Siamo anche andati a una sagra del tartufo. Per andarci abbiamo noleggiato una macchina e abbiamo seguito la strada di Piero della Francesca. Che pittore eccezionale!

Bem, nós chegamos no dia 20, e nossa amiga se casou no dia 22. Foi um belo casamento. Nós conhecemos sua família e muitos dos seus amigos. Passamos nosso primeiro dia com ela, visitando uma sepultura etrusca e o museu arqueológico.

Passamos nosso último dia visitando uma cidade etrusca.

Qual?

Só tem uma, Marzabotto. E é fascinante. Os etruscos eram tão avançados. Nos museus vimos as telhas (iguais às nossas), um escorredor, espelhos, alfinetes e dados... Tinha até um esqueleto.

E havia belos vasos e estátuas. Compramos algumas réplicas na lojinha.

Não é em Marzabotto onde ocorreu uma terrível represália – muitas pessoas foram mortas – durante a Segunda Guerra Mundial?

Sim, quase 1.900. E nós visitamos o cemitério.

O que mais vocês fizeram? Aonde mais foram?

Você conhece a Beatrice. Comemos bastante, comidas extremamente boas.

Eu voltei com algumas boas ideias para nosso restaurante. O problema será encontrar os ingredientes.

Também fomos a um festival de trufas. E para chegar lá, alugamos um carro e seguimos a trilha de Piero della Francesca. Que pintor brilhante!

CAPÍTULO 10   Falando Sobre sua Viagem   145

BEATRICE: Era prima di tutto un matematico. È per questo che i suoi quadri sono così moderni, credo, anche se è vissuto durante il '400. Sapete che è morto il 12 (dodici) ottobre del 1492? Che coincidenza, eh?

Ele começou como matemático. É por isso que suas obras parecem tão modernas, eu acho, mesmo ele tendo vivido durante os anos de 1400. Você sabia que ele morreu em 12 de outubro de 1492? Que coincidência, não?

JAKE: Abbiamo anche visto una rappresentazione di «La Bohème».

Também vimos uma produção de La Bohème.

BEATRICE: Con un tenore molto bravo, che – guarda caso – era il cugino del cameriere che ci ha servito al ristorante quella sera.

Com um ótimo tenor, que, na verdade, era um primo do garçom que nos serviu aquela noite.

RICCARDO: Il mondo è proprio piccolo.

É mesmo um mundo pequeno.

JAKE: Poi siamo andati a Gubbio, una bella città medioevale.

Fomos a Gubbio, uma bela cidade medieval.

RICCARDO: È dove ci sono le tavole eugubine.

É onde estão as tábuas euguvinas.

BEATRICE: Sì, nel Museo Civico.

Sim, no Museu Cívico.

JAKE: Mi è piaciuta tanto Gubbio. Volevo comprarci una casa.

Gostei tanto de Gubbio. Queria comprar uma casa lá.

BEATRICE: Perché non l'hai fatto? Io avrei detto di sì – senz'altro.

Por que não comprou? Eu teria concordado – sem questionar.

RICCARDO: Come ti invidio!

Que inveja!

CULTURA SEM MISTÉRIO

Antiguidades na Itália

As questões sobre o patrimônio nacional são tão antigas quanto o próprio tempo. A quem pertencem as descobertas arqueológicas? Nos anos recentes, a Itália esteve em foco quando isso foi discutido. O país recuperou muitas peças valiosas, tiradas do país por arqueólogos, exploradores e velhos **tombaroli** (*ladrões de tumbas*). Há diversos livros e muitos novos trabalhos sobre o assunto, mas tudo o que é preciso saber é que não se deve comprar antiguidades nem tirá-las de seu país. Ao se mudar de uma casa na Itália, por exemplo, tudo o que você manda para outro lugar tem de ser inspecionado e aprovado pela Belle Arti, a divisão de belas artes do governo. Desde a criação da União Europeia, o roubo de peças de arte, infelizmente, se tornou bem mais fácil, já que as fronteiras estão mais ou menos abertas.

Revisão do Diálogo 10-1

Responda às perguntas de verdadeiro ou falso (**vero-falso**) a seguir. Você pode conferir as respostas no final do livro.

_____ 1. Gli etruschi erano molto sofisticati.

_____ 2. Jake e Beatrice sono andati a una rappresentazione di «Tosca».

_____ 3. Piero della Francesca era un prete.

_____ 4. Riccardo vorrebbe andare in Italia.

_____ 5. Beatrice ha imparato molto della cucina Toscana.

Exercício Oral 10-1

 FAIXA 20

Ouça as perguntas a seguir. Pause e repita cada uma antes de responder. Leia junto se achar necessário. Confira as respostas no final do livro e no CD.

1. Dove sono andati Jake e Beatrice?
2. Cosa pensano degli etruschi?
3. Hanno visto degli amici?
4. Jake ha comprato una casa a Gubbio?
5. Cosa è successo a Marzabotto?
6. Quando?
7. Com'è Riccardo, secondo te?
8. Hanno noleggiato una macchina?
9. Sono andati a Roma Jake e Beatrice?
10. Jake e Beatrice hanno conosciuto altri americani?

Exercício Oral 10-2

 FAIXA 21

Ouça os nomes italianos de lugares, museus, eventos e comidas a seguir. Leia junto, pause após cada palavra ou frase e repita. Ligue os itens da Coluna 1 aos da Coluna 2. Confira as respostas no final do livro.

CAPÍTULO 10 Falando Sobre sua Viagem | 147

Coluna 1	Coluna 2
1. Il colosseo	A. o mar
2. Carnevale	B. a catedral
3. la Torre Pendente	C. uma banca de jornal
4. limoncello	D. sorvete
5. Venezia	E. a tumba de Michelangelo
6. una villa palladiana	F. uma ópera
7. la sagra del tartufo	G. Florença
8. il mare	H. Carnaval
9. un bagno	I. a casa de Galileu
10. i fuochi artificiali	J. o prato principal de uma refeição
11. il gelato	K. licor de limão
12. il Duomo	L. um museu científico
13. la tomba di Michelangelo	M. o Coliseu
14. un museo scientifico	N. Veneza
15. Firenze	O. uma vila paladina
16. la casa di Galileo	P. a Torre de Pisa
17. un'opera lirica	Q. um jardim botânico
18. un'edicola	R. fogos de artifício
19. un secondo piatto	S. um banheiro
20. un giardino botanico	T. o festival de trufas

Revisão de Pronomes

Em todo o livro *Conversação em Italiano Sem Mistério,* você viu e usou vários pronomes. Começamos com os pronomes pessoais, seguimos para os pronomes reflexivos, depois, por padrão, aprendemos os pronomes objeto indireto. Os pronomes objeto direto, que respondem a pergunta *quem?* ou *o quê?*, são a categoria importante final desta parte do discurso. Os pronomes demonstrativos, uma categoria separada, são discutidos no Capítulo 9. Os pronomes são talvez um exemplo do aprendizado passivo em sua melhor forma. Eles são usados como parte de outra forma gramatical; quase sempre precedem o verbo que acompanham, embora possam estar ligados aos infinitivos, particípios presentes e comandos. Quando você está confiante com um idioma, eles não são tão difíceis. Enquanto isso, assim como com os gestos de mão, a melhor coisa a fazer é usá-los escassamente e ser específico. *Você comprou os ingressos? Sim, eu comprei os ingressos,* em vez de *Eu os comprei.*

PRONOMES PESSOAIS

Os pronomes pessoais não são muito usados, como você, certamente, se lembra. Graças às terminações dos verbos conjugados, eles geralmente são redundantes. Por isso, em vez de falar **Io parlo italiano**, você provavelmente dirá **Parlo italiano**. O **o** final indica quem fala.

io parl**o**	**-o** = *eu*	**noi** parl**iamo**	**-iamo** = *nós*
tu parl**i**	**-i** = *você*	**voi** parl**ate**	**-ate** = *vocês*
lui parl**a**	**-a** = *ele*	**loro** parl**ano**	**-ano** = *eles*
lei parl**a**	**-a** = *ela, Sr./Sra. (formal)*	**Loro** parl**ano**	**-ano** = *vocês (formal)*

PRONOMES REFLEXIVOS

Os pronomes reflexivos não são opcionais; eles são parte das conjugações dos verbos e refletem a ação do verbo de volta para o sujeito. O verbo reflexivo mais comum que você aprendeu é **chiamarsi** (*chamar-se*).

io **mi** *chiamo*	*eu me chamo*	*noi* **ci** *chiamamo*	*nós nos chamamos*
tu **ti** *chiami*	*você se chama*	*voi* **vi** *chiamate*	*vocês se chamam*
lui **si** *chiama*	*ele se chama*	*loro* **si** *chiamano*	*eles se chamam*
lei **si** *chiama*	*ela se chama*	*Loro* **si** *chiamano*	*vocês se chamam (formal)*
Lei **si** *chiama*	*o Sr./Sra. se chama (formal)*		

PRONOMES OBJETO INDIRETO

Por padrão, você aprendeu os pronomes objeto indireto – ou seja, ao aprender a conjugar o verbo **piacere**. Traduzido literalmente, o verbo quer dizer *isto agrada a alguém*. Os pronomes indiretos respondem às perguntas *a quem?*, *a quê?* ou *para quem?*, *para quê?*

mi *(a mim)*	mi piace...	*eu gosto de (algo no singular)*	mi piacciono...	*eu gosto de (algo no plural)*
ti *(a você)*	ti piace...	*você gosta de (algo no singular)*	ti piacciono...	*você gosta de (algo no plural)*
gli *(a ele)*	gli piace...	*ele gosta de (algo no singular)*	gli piacciono...	*ele gosta de (algo no plural)*
le *(a ela)*	le piace...	*ela gosta de (algo no singular)*	le piacciono...	*ela gosta de (algo no plural)*
Le *(ao Senhor/ à Senhora)*	Le piace...	*o Sr./a Sra. gosta de (algo no singular)*	Le piacciono...	*o Sr./a Sra. gosta de (algo no plural)*
ci *(a nós)*	ci piace...	*nós gostamos de (algo no singular)*	ci piacciono...	*nós gostamos de o Sr./a Sra. gosta de (algo no plural)*
vi *(a vocês)*	vi piace...	*vocês gostam de (algo no singular)*	vi piacciono...	*vocês gostam de (algo no plural)*
gli *(a eles)*	gli piace...	*eles gostam de (algo no singular)*	gli piacciono...	*eles gostam de (algo no plural)*

CAPÍTULO 10   Falando Sobre sua Viagem

Ti piace il cinema? Sì, mi piace. — *Sim, eu gosto.*

Gli piacciono i bambini? No, non gli piacciono. — *Não, ele (eles) não gosta(m) deles.*

Le piace Firenze? Sì, le piace molto. — *Sim, ela gosta muito.*

Outros usos dos pronomes objeto indireto incluem formas que podem assumir *para* ou *com* na frente do equivalente em português. Por exemplo, **"Gli scrivo."** (*Eu estou escrevendo para eles.*); **"Le parla."** (*Ele está falando com ela.*); **"Ci danno la macchina."** (*Eles estão dando o carro para nós.*).

PRONOMES OBJETO DIRETO

A última forma pronominal mais comumente usada é o pronome objeto direto. Ele responde às perguntas *Quem? O quê?*: *Quem você viu? Eu o vi. O que você está comprando? Eu o estou comprando.* Os pronomes objeto direto, assim como os pronomes objeto indireto, concordam em número e gênero com os substantivos que substituem.

Singular		Plural	
mi	*eu*	ci	*nós*
ti	*você*	vi	*vocês*
la	*ela*	le	*elas*
lo	*ele*	li	*eles*
La	*o Sr./a Sra.*	Le	*os senhores*
		Li	*as senhoras*

Talvez a forma mais reconhecível seja o singular formal masculino e feminino **La**, como em **ArrivederLa**, e o informal **Arrivederci**.
Por exemplo:

Lo vedi spesso? — *Você o vê com frequência?*

Sì, **lo** vedo ogni giorno. — *Sim, eu o vejo todos os dias.*

Ti piacciono? **Li** compri? — *Você gosta deles? Você os comprará?*

PRONOMES QUE MUDAM DE FORMA

Há duas outras razões para usar substantivos em vez de pronomes. No tempo passado, você deve se lembrar, os verbos transitivos (verbos que assumem objetos diretos) são conjugados com o verbo auxiliar **avere**, e o particípio passado não muda para concordar com o sujeito. No entanto, ele muda para concordar em gênero e número com um pronome objeto direto. Por exemplo:

Hai mangiato tutti i biscotti? **Li** hai magiati? — *Você comeu todos os biscoitos? Você os comeu?*

Ho visto le ragazze ieri. **Le** ho viste. — *Eu vi as garotas ontem. Eu as vi.*

La casa? **La** hanno comprata. — *A casa? Eles a compraram.*

Falando de maneira simples, é melhor ser específico em suas frases – ou seja, reafirmar o objeto –, até que se sinta confiante ao usar os pronomes.

O segundo motivo para ser específico é que quando os pronomes diretos e indiretos se combinam, eles mudam de forma. Os pronomes indiretos sempre precedem os pronomes objeto direto, e mudam sua ortografia. Por exemplo:

mi + **lo, la, li, le** se torna **me**	Me lo dai?	*Você está me dando?*
ti + **lo, la, li, le** se torna **te**	Te lo do.	*Eu estou te dando.*

Le se torna **gli**; **gli** não muda. Ambos são combinados adicionando **e** entre os pronomes objeto indireto e direto.

Gli**e**la scrivo.	*Estou escrevendo isto a ela (a ele; a eles; ao Senhor/à Senhora).*
ci se torna **ce**	**Ce la hanno detto ieri.** *Eles disseram isto a nós ontem.*
vi se torna **ve**	**Ve li ho già dati.** *Eu já dei isto a vocês.*

Como já foi notado, **gli** permanece igual.

Gliela compro.   *Eu estou comprando (algo no feminino) para ele/ela.*

Obviamente, tudo fica mais simples se você for específico em suas frases.

Exercício Escrito 10-1

 FAIXA 22

Traduza as sentenças a seguir para o italiano, usando pronomes quando possível. Você pode conferir as respostas no final do livro e no CD.

1. Meu nome é _____ e eu sou americano. _____
2. Eu consigo ver o castelo. Você o vê? _____
3. Eu estou comprando a casa para eles. _____
4. Na Itália, eu os visitarei. _____
5. Eu gosto de viajar. Novas cidades? Eu adoro vê-las. _____
6. Eles virão à festa? _____
7. Eu não vou convidá-los. _____
8. Eu enviei cartões postais a eles de cada cidade que visitei. _____
9. Tchau, senhor. _____
10. Há tanto para ver. Eu quero ver tudo! _____

CAPÍTULO 10   Falando Sobre sua Viagem   151

Planejando Sua Próxima Viagem

 FAIXA 23

TOCCA A TE (É SUA VEZ)

Ouça Jake e Beatrice discutirem sua volta à Itália. Pause e repita cada sentença. No final, responda as perguntas sobre o que você acha que precisaria para uma estadia mais curta na Itália. As respostas são livres, é claro; há traduções das perguntas no final do livro.

BEATRICE: Passeremo sei mesi in Italia e resteremo a Firenze per almeno quattro mesi. Come troviamo un appartamento?

Vamos passar seis meses na Itália, e ficaremos em Florença por pelo menos quatro meses. Como encontramos um apartamento?

JAKE: Ci sono tanti siti sull'Internet che offrono appartamenti. Li affittano per una settimana, per un mese, per un anno. Ne troveremo uno. Per di più. Graziana ci aiuterà.

Há tantos sites *na internet que oferecem apartamentos. É possível alugar apartamentos por semana, por mês, por um ano. Vamos encontrar um. Além disso, Graziana nos ajudará.*

BEATRICE: Avremo bisogno di una macchina?

Precisaremos de um carro?

JAKE: No, non credo. I mezzi pubblici basteranno. Se troviamo un appartamento in centro o vicino al centro possiamo andare a piedi – tu al ristorante ed io alla biblioteca.

Não, acho que não. O transporte público servirá. Se encontrarmos um apartamento no centro da cidade ou próximo ao centro podemos nos locomover a pé – você até o restaurante e eu até a biblioteca.

BEATRICE: In ogni caso è impossibile trovare parcheggio.

De qualquer forma, é impossível encontrar estacionamento.

JAKE: Non abbiamo bisogno di una casa col telefono perché abbiamo i telefonini.

Não precisamos de uma casa com telefone, porque temos celulares.

BEATRICE: È vero. Senti, se arriviamo in agosto, andiamo direttamente a Firenze o andiamo al mare per trovare gli amici? Graziana ha una casa vicino a Viareggio e c'è posto per noi.

É verdade. Se chegarmos em agosto, vamos diretamente a Florença ou vamos à praia ver os amigos? Graziana tem uma casa próxima a Viareggio e tem espaço para nós.

JAKE: Dobbiamo prima fermarci a Firenze, così possiamo lasciare lì tutto il bagaglio e poi passare alcuni giorni con Graziana e Paolo.

Vamos começar em Florença. Podemos deixar a bagagem lá e depois podemos passar alguns dias com Graziana e Paolo.

BEATRICE: Allora, secondo me, dobbiamo portare poco. In fondo, avremo un appartamento con tutto il necessario – mobili, cucina, bagno, lavatrice, televisore…

Bem, no que me diz respeito, acho que devíamos levar muito pouco. Teremos um apartamento com tudo o que é necessário – móveis, cozinha, banheiro, máquina de lavar, televisão.

JAKE: Io avrò bisogno del computer.

Eu vou precisar do computador.

BEATRICE: Ed io avrò bisogno di un po' di coltelli.

E eu vou precisar de algumas facas.

JAKE: Coltelli?

Facas?

BEATRICE: Sì, amore, ogni chef usa solo i suoi coltelli. Sono molto personali.

Sim, meu amor, cada chef usa somente suas próprias facas. É bastante pessoal.

JAKE: La dogana sarà un'esperienza interessante…

A alfândega vai ser uma experiência interessante…

Revisão do Diálogo 10-2

Imagine que você está planejando uma viagem de duas semanas à Itália. Responda às perguntas a seguir sobre onde ir, o que fazer e o que levar.

1. Quali città vorresti visitare? _____
2. C'è un artista che ammiri? Dove si trovano esempi della sua opera? _____
3. Se vuoi visitare rovine romane, dove andrai? _____
4. Quante valigie porterai? _____
5. Avrai bisogno di un telefonino? _____
6. Noleggerai una macchina o andrai in treno? _____
7. Dove sarai? In un albergo, in un appartamento in affitto, con dei parenti o con degli amici? _____
8. Andrai al mare? _____
9. Hai il passaporto? _____
10. Sai dove comprare un biglietto per l'autobus? _____

Exercício Escrito 10-2

Preencha os espaços em branco. As respostas possíveis podem ser encontradas no final do livro.

Io arriverò in Italia (1) _____ (la data). Visiterò

(2) _____, (3), _____,

CAPÍTULO 10 Falando Sobre sua Viagem | **153**

(4)_____. Ho trovato un albergo a due stelle: ho prenotato una
camera (5) _____. Non è caro. Costa (6) _____.
Vorrei mangiare (7) _____ e (8) _____. Dopo
due settimane, ripartirò da (9) _____ alle
(10) _____ del mattino.

Exercício Escrito 10-3

A passagem a seguir é a descrição de um apartamento. Leia-a por completo e responda às
perguntas sobre as comodidades. Confira as respostas no final do livro.

> Affittasi: Centro città. Ampio appartamento di 150 mq al piano terra/piano terreno con
> giardino. Ingresso, soggiorno, cucina abitabile, 2 carnere, 2 bagni, ripostiglio. Cantina
> con posto auto.

1. Quante camere da letto ci sono? _____

2. È un appartamento grande o piccolo? _____

3. Dov'è? _____

4. C'è una sala da pranzo? _____

5. C'è un parcheggio? _____

Diário: Escrita Direcionada

As entradas do diário mudaram. As novas sentenças refletem aquilo que você aprendeu.
Este exercício deve ser realizado diariamente, até que as formas e o vocabulário se tornem
naturais a você.

Oggi è _____. Ieri era _____.

Fa _____ tempo. Ieri _____ tempo.

_____

Ieri _____ al Vaticano e alla Basilica di San Pietro.

_____ la Pietà di Michelangelo.

Vorrei _____ Cremona.

_____ due settimane di vacanze.

L'anno scorso _____ un amico in Italia.

TESTE RÁPIDO

Responda às perguntas a seguir com **vero** ou **falso** (verdadeiro ou falso); em seguida, confira as respostas no final do livro.

_____ 1. Jake e Beatrice sono andati in Italia per le nozze di Beppe e Marisa.

_____ 2. Hanno passato cinque settimane a Firenze.

_____ 3. Hanno mangiato molto bene.

_____ 4. Gli etruschi erano molto creativi.

_____ 5. Avranno bisogno di un telefono nell'appartamento che affitteranno.

_____ 6. Vanno direttamente al mare per le vacanze.

_____ 7. Per loro avere una macchina sarà essenziale.

_____ 8. Portano con loro gli strumenti delle loro professioni.

_____ 9. Riccardo andrà con loro.

_____ 10. Hanno comprato copie dei vasi etruschi.

TESTE DA PARTE DOIS

Circule a letra da palavra ou frase que melhor responde à pergunta ou completa cada sentença. Confira as respostas no final do livro.

1. Quando hai fame, cosa fai?

    (a) mangio

    (b) preferisco

2. Dove posso comprare dei francobolli?

    (a) dal tabaccaio

    (b) dalla pasticceria

3. Quanto anni hai?

    (a) ho trenta anni

    (b) sono trenta

4. Guardi molto _____?

    (a) la televisione

    (b) la radio

5. Che cosa significa **Mezzogiorno?**

    (a) è una città

    (b) è una regione

6. Com'era la rappresentazione di «La Bohème»?

    (a) bella

    (b) bello

7. Le sorellastre di Cenerentola erano _____.

    (a) cattiva

    (b) brutte

8. Un cameriere lavora in _____.

    (a) un museo

    (b) un ristorante

155

156   TESTE DA PARTE DOIS

9. Io _____ che loro erano italiani.

   (a) ho conosciuto

   (b) ho saputo

10. Quando sei nato?

   (a) in Italia

   (b) il primo maggio

11. Dove si comprano le erbe aromatiche?

   (a) dal fruttivendolo

   (b) dalla farmacia

12. Come ti chiami?

   (a) Mi chiamo _____

   (b) Non mi chiami _____

13. Il teatro è lontano. Deve _____ l'autobus.

   (a) portare

   (b) prendere

14. Ti diverti quando vai alla spiaggia?

   (a) Sì, mi diverti.

   (b) Sì, mi diverto.

15. La chimera era _____ .

   (a) un cane domestico

   (b) un animale fantastico

16. _____ bambine si divertono.

   (a) Queste

   (b) Quale

17. Partiamo _____ mezzanotte.

   (a) a

   (b) alla

TESTE DA PARTE DOIS

18. Noi andiamo _____ Italia.

   (a) all'

   (b) in

19. Quando andrete a Venezia?

   (a) l'estate prossima

   (b) l'estate passata

20. Vai a Roma _____ treno?

   (a) in

   (b) con

21. Dormirò quando mia figlia _____

   (a) tornerà

   (b) è tornato

22. _____ foto sono bellissime!

   (a) Quello

   (b) Quelle

23. Vorresti _____ una macchina o comprarne una?

   (a) noleggiare

   (b) viaggiare

24. Gli Etruschi _____ molto interessanti.

   (a) suonano

   (b) erano

25. Per vedere la Torre Pendente, devo andare a _____.

   (a) Pisa

   (b) Roma

TESTE FINAL

Sublinhe ou circule a palavra ou frase que melhor completa cada sentença ou pergunta. Às vezes, você pode achar que ambas as respostas podem funcionar, mas uma delas sempre representa uma opção melhor.

1. Mi chiamo Luigi e ho _____ anni.

    (a) sei

    (b) uno

2. Io sono intelligente, simpatico e _____.

    (a) furbo

    (b) alto

3. Il sabato non _____ nulla.

    (a) lavoro

    (b) faccio

4. A Firenze vorrei _____ il museo archeologico.

    (a) visitare

    (b) parlare

5. Oggi è il primo maggio ma fa _____.

    (a) freddo

    (b) estate

6. La nonna si alza presto, _____.

    (a) alle sei

    (b) a mezzogiorno

7. Preferisci mangiare o ballare? _____ mangiare.

    (a) Preferisce

    (b) Preferisco

8. Dopo scuola, dove vai? Vado _____ casa.

    (a) a

    (b) in

9. Dove vorresti mangiare?

    (a) Dai medico.

    (b) In rosticceria.

10. _____ parla inglese in quel negozio.

    (a) Sì

    (b) Si

TESTE FINAL

11. Come si fa per arrivare alla stazione?

    (a) Si va sempre dritto.

    (b) In tassì.

12. Ti presento Graziana, una cara amica mia.

    (a) Piacere.

    (b) Salve.

13. Andiamo da Franco per un caffè?

    (a) Volentieri.

    (b) No, a casa.

14. Devo _____. Non posso accompagnarti.

    (a) lavorare

    (b) lavoro

15. È sempre la stessa storia. Non c'è _____.

    (a) mai

    (b) niente di nuovo

16. Lui viene _____ Arezzo.

    (a) di

    (b) da

17. Io ho ragione, lui ha _____.

    (a) torto

    (b) torta

18. In inglese si usano _____ parole italiane.

    (a) alcuni

    (b) molte

19. Graziana ha una nuova macchina fotografica e fa _____ foto.

    (a) molto

    (b) molte

20. Le nozze sono _____ dicembre.

    (a) l'uno

    (b) il primo

21. Quanti turisti ci sono? _____, non lo so.

    (a) Boh

    (b) Sì

22. Dopo venerdì viene _____.

    (a) giovedì

    (b) sabato

23. Normalmente che tempo fa in agosto?

    (a) fa caldo

    (b) fa freddo

24. Come si scrive "15 de dezembro"?

    (a) dicembre il 15

    (b) il 15 dicembre

25. Che _____ dici?

    (a) ne

    (b) ci

26. Come stai?

    (a) Basso.

    (b) Benone.

27. Quando i bambini _____ fame, mangiano.

    (a) sono

    (b) hanno

28. Pronto. _____ parla?

    (a) Chi

    (b) Che

29. Fai il professore o _____?

    (a) poetessa

    (b) studente

30. Hai _____ zio in Italia?

    (a) uno

    (b) un

31. Come si dice "pais" in italiano?

    (a) parenti

    (b) genitori

32. Loro non sono _____.

    (a) sposati

    (b) sposano

TESTE FINAL

161

33. Ha gli occhi _____.

    (a) lisci

    (b) neri

34. Non dice la verità. Non è _____.

    (a) generoso

    (b) sincero

35. I guanti sono _____.

    (a) verde

    (b) rosa

36. Com'è il dottor Bolzano?

    (a) buono

    (b) bene

37. Lei vorrebbe il salmone. Io _____ vorrei la bistecca.

    (a) anche

    (b) invece

38. Hai bisogno di aiuto?

    (a) Grazie, ce la faccio.

    (b) No, non aiuto.

39. Era un albergo molto _____. Non torno mai più.

    (a) scomodo

    (b) riccio

40. I biglietti che lui _____ sono cari.

    (a) hanno

    (b) ha

41. Gli studenti hanno spesso molti _____.

    (a) compiti

    (b) grandi

42. Ti _____ i gatti?

    (a) piace

    (b) piacciono

43. Che _____ idea!

    (a) buon'

    (b) antica

44. Quale?

    (a) Quello qui.

    (b) Quella là.

45. Preferisco il cioccolato caldo in _____ quando fa freddo.

    (a) inverno

    (b) estate

46. Lui preferisce il caffè _____ tè.

    (a) al

    (b) del

47. Ho più libri _____ te.

    (a) che

    (b) di

48. Sono in vendita i cani. Possiamo aver _____ uno?

    (a) ne

    (b) ci

49. Ventidue meno due fa _____.

    (a) venti

    (b) ventiquattro

50. Michelangelo lavorava durante il _____.

    (a) 1300

    (b) '500

51. Gloria, tu _____ tornata tardi!

    (a) sei

    (b) è

52. Mangiare qui in giardino, _____ bene.

    (a) fanno

    (b) fa

53. Dove sono _____ Paola e Francesca?

    (a) andata

    (b) andate

54. Sono andata _____ nonni.

    (a) dai

    (b) dal

TESTE FINAL 163

55. Ieri _____ una giornata lunga ma divertente.

    (a) è

    (b) era

56. Non è caro. Non costa un _____.

    (a) occhio

    (b) orecchio

57. Prima andiamo al mare, _____in città.

    (a) poi

    (b) però

58. La _____ della carta di credito è giugno 2012.

    (a) scadenza

    (b) data

59. Possiamo _____ i passaporti?

    (a) spendere

    (b) recuperare

60. Dove si compra un biglietto per il bus?

    (a) Il tabaccaio.

    (b) La libreria.

61. Vorrebbe una camera singola o _____?

    (a) completa

    (b) doppia

62. C'è un treno che parte la sera?

    (a) Sì, alle sette.

    (b) Sì, alle diciannove.

63. Amore, non mangiare con le mani!

    (a) Fa bene.

    (b) Non si fa.

64. Un amico mio abita _____ Roma.

    (a) a

    (b) in

65. Da bambino, non _____ mai.

    (a) studiavano

    (b) studiava

66. Mamma, non ho dormito bene. Ho _____.

    (a) sonno

    (b) sono

67. Loro _____ i biglietti domani?

    (a) hanno retirato

    (b) retireranno

68. Com'_____ la città nei tempi antichi?

    (a) è

    (b) era

69. Shakespeare _____ usato molti caratteri stereotipati.

    (a) è

    (b) ha

70. Mentre _____, leggevo un libro.

    (a) mangiavo

    (b) ho mangiato

71. Quando è arrivato, _____ stanco.

    (a) era

    (b) è stato

72. La commedia dell'arte era il primo teatro _____.

    (a) professionale

    (b) libero

73. Mi dica, dove posso comprare della frutta fresca?

    (a) Dal macellaio.

    (b) Dal fruttivendolo.

74. È il tuo compleanno?

    (a) Felicità!

    (b) Auguri!

75. La fermata dell'autobus è qua vicino?

    (a) Sì, all'angolo.

    (b) Sì, molto lontano.

76. Il cantante sarà famoso?

    (a) Chissà?

    (b) Però.

TESTE FINAL

165

77. Il figlio dello zio Mario è mio _____.

    (a) padre

    (b) cugino

78. La rappresentazione è _____.

    (a) esaurita

    (b) stonata

79. Gli amici _____ già partiti?

    (a) sono

    (b) hanno

80. Ieri _____ la nonna di Margherita.

    (a) ho conosciuto

    (b) ho saputo

81. Tu _____ ricevuto l'invito?

    (a) ha

    (b) hai

82. Cosa hai fatto in Italia? Cosa hai _____?

    (a) visto

    (b) detto

83. Le ville sono proprio _____.

    (a) enormi

    (b) grige

84. _____ che a Marzabotto c'è una città etrusca.

    (a) Conoscevo

    (b) Ho saputo

85. Vi siete divertiti?

    (a) Sì, ci siamo divertiti.

    (b) Da lupo!

86. Ogni giorno _____ una cravata.

    (a) si metteva

    (b) si è messa

87. Loro vanno _____ Italia meridionale.

    (a) in

    (b) nell'

88. In estate, lei non vede l'ora di lavorare _____ giardino.

   (a) in

   (b) nel

89. Sono _____ Stati Uniti.

   (a) dagli

   (b) degli

90. Firenze si trova in _____.

   (a) Toscana

   (b) Umbria

91. In Europa si può soffrire dalla _____.

   (a) sindrome di statua

   (b) sindrome di Stendhal

92. La chimera, secondo una mia amica, ha un aspetto quasi _____.

   (a) umano

   (b) animale

93. Dov'è l'anfiteatro ovale?

   (a) A Lucca.

   (b) A Pisa.

94. Gli Etruschi sono famosi per le loro _____.

   (a) città

   (b) tombe

95. Luisa, ti piace studiare _____?

   (a) la storia

   (b) poca

96. Quando fa caldo, non ho bisogno di _____.

   (a) una felpa

   (b) un ombrello

97. Cosa si compra alla Piazza Ciompi?

   (a) Da mangiare.

   (b) Da decorate.

TESTE FINAL

98. Quale palazzo, secondo Beatrice, è il "Darth Vader" dei palazzi?

    (a) Il palazzo Riccardi-Medici.

    (b) Il palazzo Strozzi.

99. Vorrei comprare dei tartufi, ma non _____.

    (a) ho tempo

    (b) ce la faccio

100. Quando andrai in Italia?

    (a) Fra un mese.

    (b) Un mesa fa.

APÊNDICE A

RECURSOS

A internet tornou o aprendizado de um idioma algo acessível e rápido. Para reforçar e complementar seus estudos, você pode ouvir notícias em tempo real e assistir programas de televisão e filmes italianos em seu computador. Destacar o grande número de recursos pode ser problemático. Então, o que se segue é uma escolha de alguns sites úteis para o aprendizado de italiano.

1. http://www.accademiadellacrusca.it/index.php - Este é o site da Accademia della Crusca, instituição que corresponde a nossa ABL (Academia Brasileira de Letras). Nele o aprendiz poderá encontrar várias explicações sobre regras gramaticais do idioma italiano, assim como consultar (após fazer inscrição) várias gramáticas da língua italiana na biblioteca virtual.

2. 1.http://www.italia.it/it/home.html - Neste site o aprendiz pode encontrar várias dicas que vão desde como fazer um *tour* pela Itália, onde comer e beber, a dicas de agriturismo em todas as regiões do país.

3. http://www.liberliber.it/home/index.php- Este site oferece uma imensa lista de obras literárias italianas, em italiano, que estão disponíveis em formato pdf ou, ainda melhor para o treino do idioma, na versão *audiobook*.

4. http://www.internetculturale.it/opencms/opencms/it/index.html- Neste site o aprendiz encontrará uma série de coleções digitais das principais bibliotecas italianas que abrangem temas como: religião, filosofia, psicologia, tecnologia, artes, literatura etc.

5. O site Rai News 24h, www.rainews24.rai.it, apresenta notícias em italiano sobre diversos temas. Além disso, possui um canal de TV *online* muito útil para exercitar a compreensão auditiva.

6. O site www.italian-verbs.com/verbi-italiani.htm é um conjugador de verbos. Basta digitar o verbo desejado que aparecerá sua conjugação. Esse site é oferecido em vários idiomas, inclusive em português.

7. Rádios, a Rai Television (os canais de televisão nacionais) e jornais estão todos disponíveis. O site http://www.international.rai.it inclui links para canais de televisão e estações de rádio. Use um mecanismo de busca para encontrar qualquer um dos maiores jornais: *Corriere della Sera, La Repubblica, L'Unità*, por exemplo.

8. Uma fonte com leituras em italiano de todas as vertentes da literatura é o www.ilnarratore.com. É possível encontrar os autores contemporâneos, que são mais fáceis de entender. Você pode fazer o *download* de todos os livros.

O uso de um mecanismo de busca também permite que você encontre páginas com informações sobre cidades específicas, regiões e festivais, bem como eventos especiais, shows e vendas de ingressos. (Por exemplo, ticketeria.it.)

Uma palavrinha sobre filmes: a história cinematográfica italiana é impressionante, rica e variada. A Itália está entre os expoentes mundiais dessa arte. Os filmes clássicos mais antigos geralmente eram filmados em Cinecittà, em Roma, e o idioma pode ser difícil, já que às vezes é usado o dialeto romano. Os filmes neorrealistas, no entanto, são em geral excepcionais (*La strada, Umberto D.*, por exemplo). Os modernos são abundantes, mas alguns favoritos, amplamente divulgados e disponíveis, são *Cinema Paradiso, Mediterraneo e La vita è bella* (todos vencedores do Oscar); *La notte di San Lorenzo*; *Enrico IV*; *Stanno tutti bene* (recentemente lançado como remake, em língua inglesa); *Il gattopardo*; *Il postino*. Além disso, diversas óperas foram filmadas nos últimos vinte anos. A lista poderia se tornar enorme! É útil cobrir as legendas de filmes estrangeiros e apenas ouvir. Dependendo da sua forma de aprendizado, no entanto, pode ser um reforço ler junto e ver como o idioma se forma.

APÊNDICE B

VERBOS

Conjugações dos Verbos Regulares

	Presente	**Passato prossimo**	**Imperfetto**	**Futuro**
parlare (*falar*)	io parlo	ho parlato	parlavo	parlerò
	tu parli	hai parlato	parlavi	parlerai
	lui/lei parla	ha parlato	parlava	parlerà
	Lei parla	ha parlato	parlava	parlerà
	noi parliamo	abbiamo parlato	parlavamo	parleremo
	voi parlate	avete parlato	parlavate	parlerete
	loro parlano	hanno parlato	parlavano	parleranno
scrivere (*escrever*)	io scrivo	ho scritto	scrivevo	scriverò
	tu scrivi	hai scritto	scrivevi	scriverai
	lui/lei scrive	ha scritto	scriveva	scriverà
	Lei scrive	ha scritto	scriveva	scriverà
	noi scriviamo	abbiamo scritto	scrivevamo	scriveremo
	voi scrivete	avete scritto	scrivevate	scriverete
	loro scrivono	hanno scritto	scrivevano	scriveranno

		Presente	Passato prossimo	Imperfetto	Futuro
dormire (*dormir*)		io dormo	ho dormito	dormivo	dormirò
		tu dormi	hai dormito	dormivi	dormirai
		lui/lei dorme	ha dormito	dormiva	dormirà
		Lei dorme	ha dormito	dormiva	dormirà
		noi dormiamo	abbiamo dormito	dormivamo	dormiremo
		voi dormite	avete dormito	dormivate	dormirete
		loro dormono	hanno dormito	dormivano	dormiranno
capire (*entender*)		io capisco	ho capito	capivo	capirò
		tu capisci	hai capito	capivi	capirai
		lui/lei capisce	ha capito	capiva	capirà
		Lei capisce	ha capito	capiva	capirà
		noi capiamo	abbiamo capito	capivamo	capiremo
		voi capite	avete capito	capivate	capirete
		loro capiscono	hanno capito	capivano	capiranno

Conjugações de Verbos Irregulares

		Presente	Passato prossimo	Imperfetto	Futuro
essere (*ser/estar*)		io sono	sono stato, -a	ero	sarò
		tu sei	sei stato, -a	eri	sarai
		lui/lei è	è stato, -a	era	sarà
		Lei è	è stato, -a	era	sarà
		noi siamo	siamo stati, -e	eravamo	saremo
		voi siete	siete stati, -e	eravate	sarete
		loro sono	sono stati, -e	erano	saranno
avere (*ter*)		io ho	ho avuto	avevo	avrò
		tu hai	hai avuto	avevi	avrai
		lui/lei ha	ha avuto	aveva	avrà
		Lei ha	ha avuto	aveva	avrà
		noi abbiamo	abbiamo avuto	avevamo	avremo
		voi avete	avete avuto	avevate	avrete
		loro hanno	hanno avuto	avevano	avranno

Verbos

	Presente	Passato prossimo	Imperfetto	Futuro
fare (*fazer*)	io faccio	ho fatto	facevo	farò
	tu fai	hai fatto	facevi	farai
	lui/lei fa	ha fatto	faceva	farà
	Lei fa	ha fatto	faceva	farà
	noi facciamo	abbiamo fatto	facevamo	faremo
	voi fate	avete fatto	facevate	farete
	loro fanno	hanno fatto	facevano	faranno
andare (*ir*)	io vado	sono andato, -a	andavo	andrò
	tu vai	sei andato, -a	andavi	andrai
	lui/lei va	è andato, -a	andava	andrà
	Lei va	è andato, -a	andava	andrà
	noi andiamo	siamo andati, -e	andavamo	andremo
	voi andate	siete andati, -e	andavate	andrete
	loro vanno	sono andati, -e	andavano	andranno

Todos os verbos reflexivos são conjugados com **essere** no tempo passado.

Expressões com *avere*

avere… anni	*ter… anos*
avere bisogno di	*precisar*
avere caldo	*ter calor*
avere fame	*ter fome*
avere freddo	*ter frio*
avere fretta	*ter pressa*
avere mal di…	*ter dor de…*
avere paura di	*ter medo de*
avere ragione	*ter razão*
avere sete	*ter sede*
avere sonno	*ter sono*
avere torto	*estar errado*
avere vergogna di	*ter vergonha de*
avere voglia di	*ter vontade de*

Expressões com *fare*

fare gli auguri	*parabenizar*
fare un bagno	*tomar banho*
fare il biglietto	*comprar um ingresso*
fare caldo	*fazer calor fora (tempo, impessoal)*
fare cena	*jantar*
fare colpo a qualcuno	*surpreender alguém*
fare la conoscenza di	*conhecer, ser apresentado a*
fare una doccia	*tomar banho*
fare una domanda	*fazer uma pergunta*
fare un favore	*fazer um favor*
fare bella (brutta) figura	*passar uma boa (má) impressão*
fare finta di	*fingir*
fare freddo	*fazer frio fora (tempo, impessoal)*
fare un giro	*dar um passeio*
fare una passeggiata	*dar uma caminhada*
fare due passi	*dar uma caminhada*
fare pranzo	*almoçar*
fare prima colazione	*tomar café da manhã*
fare la spesa	*fazer o mercado*
fare le spese / delle compere	*fazer compras em geral*
fare lo spiritoso, -a	*ser engraçado*
fare una telefonata	*fazer um telefonema*
fare le valigie	*fazer as malas*
fare un viaggio	*fazer uma viagem*
fare una visita	*fazer uma visita*

Expressões com *fare*

Ci fa il conto?	*Você pode nos trazer a conta?*
Fa bene (male).	*Faz bem (mal).*
Non si fa.	*Isso não se faz.*
Fammi vedere.	*Mostre-me.*
Fammi sapere.	*Conte-me (ou Faça-me saber).*
Che tempo fa?	*Como está o tempo?*

Verbos 175

Fa bel tempo.	*O tempo está bom.*		
Fa brutto tempo.	*O tempo está ruim.*		
Fa freschino.	*Está fresco.*		

Um uso peculiar de **fare** é **farcela** (*conseguir, ser capaz de fazer algo*, ou *ser capaz de aguentar algo*).

Io ce la faccio.	*Eu sei fazer.*	Noi ce la facciamo.	*Nós sabemos fazer*
Tu ce la fai.	*Você sabe fazer.*	Voi ce la fate.	*Vocês sabem fazer.*
Lui, lei ce la fa.	*Ele, ela sabe fazer.*	Loro ce la fanno.	*Eles sabem fazer.*
Lei ce la fa.	*o Sr./a Sra. sabe fazer.*		

Por exemplo, se você estiver segurando muitos pacotes e, ao mesmo tempo, tentando abrir uma porta, alguém pode dizer:

Ce la fai?   *Você consegue?*

Você pode responder com:

Sì, ce la faccio.   *Sim, eu consigo.*

Non ce la faccio também pode significar: *Eu não aguento isso.* Em outras palavras: *é muito difícil para suportar.*

Expressões com *stare*

Você já viu **stare** ser usado para perguntar sobre a saúde. Literalmente, ele significa *ficar*.

Come stai? Sto bene, grazie.   *Como você está? Estou bem, obrigado.*

Ele também se refere a ficar em algum lugar.

Stiamo a quell'albergo piccolo e bello.   *Estamos naquele pequeno e belo hotel.*

Se adicionar **ci** à frente do verbo conjugado, o significado muda para *estar disposto.*

Ci stai? Ci sto!   *Você está disposto? Sim, estou!*

Outros usos comuns incluem:

stare attento a	*estar atento a*
stare fresco	*estar com problemas*
stare sulle spine	*estar inquieto*

Uma Importante Palavra de Duas Letras: *ci*

Um advérbio de lugar, **ci** significa *lá*. Ele também pode acompanhar os verbos e mudar os seus significados.

Por exemplo, **vedere** significa *ver*; **vederci** significa *conseguir ver*.

Non ti vedo.	*Não te vejo.*
Non ci vedo.	*Não consigo ver.*

A única diferença ao se conjugar um verbo com **ci** é colocar a pequena palavra na frente das formas conjugadas.

Io ci vedo.	Noi ci vediamo.
Tu ci vedi.	Voi ci vedete.
Lui / lei / Lei ci vede.	Loro ci vedono.

Outros verbos que usam **ci** incluem:

sentirci	*conseguir ouvir*	Lui non ci sente.	*Ele não consegue ouvir.*
volerci	*necessitar*	Ci vuole pazienza.	*É preciso paciência.*
metterci	*precisar (tempo)*	Ci mettiamo mezz'ora per arrivare.	*É preciso meia hora para chegar.*
pensarci	*pensar sobre algo*	Ci penso.	*Estou pensando sobre isso.*
crederci	*pensar, acreditar*	Ci credo.	*Eu acredito.*
entrarci	*ter algo a ver com algo*	Io non c'entro!	*Eu não tenho nada a ver com isso.*
		Non c'entra.	*Isso não tem nada a ver.*

Lembre também que **ci** geralmente é usado com **avere**, embora seja redundante. **Ci ho**, contraído para **c'ho**, significa *eu tenho*, com uma ênfase no aqui e agora.

Ce l'hai le chiavi?   *Você tem as chaves (aqui)?*

APÊNDICE C

ROTEIRO DE ÁUDIO

Esta seção contém uma transcrição completa dos diálogos, exercícios e perguntas dos testes encontrados nos CDs de áudio.

CD UM: Capítulos 1 a 5

 FAIXA 1

GRAZIANA: Salve, Marisa. Come stai?
MARISA: Ciao, bella. Benone e tu?
GRAZIANA: Bene. Andiamo da Franco per un caffè?
MARISA: Sì, va bene. Ma ho un appuntamento alle 9,30 (nove e mezza).
GRAZIANA: Be'. Possiamo prendere un caffè. Anch'io ho da fare.
MARISA: Ah, eccoci qua, Guarda, C'è Paolo. Ciao, Paolo. Come va?
GRAZIANA: Ciao, Paolo. Io sono Graziana.
PAOLO: Buon giorno. Piacere, Graziana. Sto per prendere un caffè. Mi fate compagnia? Offro io.
MARISA: Grazie. Volentieri.
PAOLO: Che c'è di nuovo, Marisa? E Beppe, come sta?
MARISA: Beppe sta molto bene. Lavora, troppo. Niente di nuovo.
GRAZIANA: Domani andiamo alla mostra di Giovanni Fattori. Vorresti venire con noi?
MARISA: Sì, vieni. È una mostra bellissima.

Apêndice C

PAOLO: Eh, mi piacerebbe accompagnarvi. Ma non posso. Devo lavorare.
MARISA: Allora, un'atlra volta.
PAOLO: Sì. Ora scappo, devo andare in ufficio. Ciao. Saluti a Beppe.
MARISA: Grazie. Ciao. Buon lavoro!
GRAZIANA: Arrivederci.

FAIXA 2

vorrei	eu gostaria	devo	eu tenho que
vorresti	você gostaria	devi	você tem que
vorrebbe	ele, ela, o Sr./a Sra. gostaria	deve	ele, ela tem, vocês têm que
posso	eu posso	so	eu sei como
puoi	você pode	sai	você sabe como
può	ele, ela, o Sr./a Sra. pode	sa	ele, ela, o Sr./ a Sra. sabe como
preferisco	eu prefiro	ho voglia di	eu quero
preferisci	você prefere	hai voglia di	você quer
preferisce	ele, ela, o Sr./a Sra. prefere	ha voglia di	ele, ela quer (geralmente não usado formalmente)
mi piacerebbe	eu gostaria	sto per	eu estou prestes a
ti piacerebbe	você gostaria	stai per	você está prestes a
Le piacerebbe	o Sr./ a Sra. gostaria	sta per	ele, ela, o Sr./ a Sra. está prestes a

FAIXA 3

1. Cosa vorresti fare? *Vorrei mangiare.*
2. Preferisci andare al museo o ritornare a casa? *Preferisco andare al museo.*
3. Sai parlare italiano? *Sì, so parlare italiano.*
4. Ti piacerebbe mangiare fettucine all'Alfredo? *Sì, mi piacerebbe.*
5. Puoi venire con noi? *No, non posso venire con voi.*
6. Devi lavorare oggi? *Sì, devo lavorare oggi.*
7. Stai per dormire? *No, non sto per dormire. Sto per leggere.*

FAIXA 4

il cinema	la regatta	il prosciutto	il musicista
il motto	lo scherzo	il poeta	adagio
con brio	lo studio	il fiasco	l'editore
gli gnocchi	la villa	l'opera	la stanza

Roteiro de Áudio | 179

la loggia   il concerto   piano   allegro
il ghetto   bravo   le lasagne

FAIXA 5

1. le lasagna
2. adagio
3. bravo
4. la villa
5. il ghetto
6. il concert
7. l'editore
8. il prosciutto
9. con brio
10. l'opera
11. gli gnocchi
12. il motto
13. lo scherzo
14. piano
15. il fiasco

FAIXA 6

Joe DiMaggio	Amerigo Vespucci	Amedeo Giannini
Maria Montessori	Antonin Scalia	Fiorello LaGuardia
Liza Minelli	Madonna	Nancy Pelosi
Mario Cuomo	Sylvester Stallone	Mario Puzo
Rocky Marciano	Enrico Caruso	Enrico Fermi

FAIXA 7

Lo studente americano parla italiano?   *O estudante americano fala italiano?*
Lo studente americano parla italiano   *O estudante americano fala italiano.*
Lo studente americano parla italiano!   *O estudante americano fala italiano!*

FAIXA 8

chiaroscuro	mansarda	concerto	terrazza
fortissimo	Rossini	loggia	fanciulla
piazza	cantina	ricotta	bagno
lasagne	medioevo	Ghirlandaio	Rinascimento
tagliatelle	pizza	impasto	Puccini

Apêndice C

affreschi   Mirella   Verdi   affito
zucchino   idraulico gnocchi   casa
allegro   piano

🔘 FAIXA 9

1. Andiamo da Franco per un caffè?
2. Lui lavora troppo!
3. Ho un appuntamento alle 9,30.
4. Non posso.
5. Mi fate compagnia?
6. Non posso?
7. Offro io.
8. Conosci il nuovo professore?

🔘 FAIXA 10

1. Oh bello!
2. Sì!
3. No.
4. Non ne ho voglia.
5. Eh.
6. Non ce la faccio.
7. Non ce la faccio.
8. Oh sì!
9. Oh sì?
10. Oh sì.

🔘 FAIXA 11

BEPPE: Ciao, buon giorno, cara! Hai dormito bene?
MARISA: Sì, grazie. Tu?
BEPPE: Sì. Vorresti un caffè?
MARISA: Un caffellatte, per favore.
BEPPE: Io sto per preparare un toast. Ne vuoi uno?
MARISA: No, grazie. Preferirei un cornetto.
BEPPE: Bene. Come vuoi. C'è marmellata di arancia.
MARISA: Perfetto. Oggi è il 12, no? Andiamo alla mostra al Palazzo Strozzi, quella di Giovanni Fattori?
BEPPE: Sì, sì. E difatti ho già i biglietti.
MARISA: Bello!

Roteiro de Áudio

 FAIXA 12

Dias da semana

lunedì	*segunda-feira*
martedì	*terça-feira*
mercoledì	*quarta-feira*
giovedì	*quinta-feira*
venerdì	*sexta-feira*
sabato	*sábado*
domenica	*domingo*

Datas, números

uno	*um*	diciassette	*dezessete*
due	*dois*	diciotto	*dezoito*
tre	*três*	diciannove	*dezenove*
quattro	*quatro*	venti	*vinte*
cinque	*cinco*	ventuno	*vinte e um*
sei	*seis*	ventidue	*vinte e dois*
sette	*sete*	ventitrè	*vinte e três*
otto	*oito*	ventiquattro	*vinte e quatro*
nove	*nove*	venticinque	*vinte e cinco*
dieci	*dez*	ventisei	*vinte e seis*
undici	*onze*	ventisette	*vinte e sete*
dodici	*doze*	ventotto	*vinte e oito*
tredici	*treze*	ventinove	*vinte e nove*
quattordici	*quatorze*	trenta	*trinta*
quindici	*quinze*	trentuno	*trinta e um*
sedici	*dezesseis*		

Meses do ano

gennaio	*janeiro*	luglio	*julho*
febbraio	*fevereiro*	agosto	*agosto*
marzo	*março*	settembre	*setembro*
aprile	*abril*	ottobre	*outubro*
maggio	*maio*	novembre	*novembro*
giugno	*junho*	dicembre	*dezembro*

Apêndice C

FAIXA 13

Trenta giorni ha novembre
Con aprile, giugno e settembre.
Di ventotto ce n'è uno.

Tutti gli altri ne han trentuno.
Rosso di mattina
L'acqua s'avvicina.
Rosso di sera
Bel tempo si spera.

FAIXA 14

Oggi è lunedì, il due marzo.
Fa brutto tempo.
Oggi vorrei dormirme.

FAIXA 15

6. Come stai? — Bene.
7. Al bar tu ordini — il caffè.
8. Ciao! Buon giorno! — Salve.
9. Fiorello LaGuardia era — politico.
10. La mostra dell'opera di Giovanni Fattori è — al museo.

FAIXA 16

PAOLO: Ciao, Graziana. Sono Paolo, l'amico di Marisa.

GRAZIANA: Ciao, Paolo. Sì, sì, ti ricordo bene. Come stai?

PAOLO: Bene, grazie. E tu?

GRAZIANA: Bene. Vieni qui spesso?

PAOLO: Sì. Purtroppo compro molti libri.

GRAZIANA: Anch'io. Che tipo di libro ti piace?

PAOLO: Tutti i libri mi piacciono. Mi piacciono i romanzi, i gialli, la storia, la biografia ed i libri di ricette.

GRAZIANA: Sai cucinare?

PAOLO: Mio padre ha un ristorante cosicchè è da sempre che lavoro in cucina. Ed anche in giardino.

GRAZIANA: Bravo! Mi piacerebbe cucinare ma mia madre si occupa di quello.

PAOLO: A proposito, ti posso preparare una bella cena. Che ne dici? Sabato sera va bene?

Roteiro de Áudio

GRAZIANA: Ok, volentieri. Perché non mi telefoni con i particolari? Ecco il mio numero di telefono.
PAOLO: Benone. Non vedo l'ora. Ne parliamo domani. Ciao.
GRAZIANA: Ciao, Paolo.

FAIXA 17

1. Buon giorno, Signora Bertoli.
2. Buon giorno, Dottore.
3. Buona sera, Signore.
4. Buona notte. A domani.
5. Ciao!
6. Buon giorno, ragazzi!
7. Arrivederci!
8. Salve, Piero! Come va?
9. A presto!
10. Ci vediamo!

FAIXA 18

LORENZO: Pronto?
PAOLO: Pronto. Buona sera. Sono Paolo Franchini. C'è Graziana, per favore?
LORENZO: Sì un attimo. Come si chiama?
PAOLO: Mi chiamo Paolo Franchini.
LORENZO: Bene. Gliela passo. Graziana! Telefono! È un signor Franchini.
GRAZIANA: Grazie, Babbo. Pronto?
PAOLO: Ciao, Graziana. Sono Paolo. Disturbo?
GRAZIANA: No, Paolo. Come stai?
PAOLO: Bene. Volevo confermare la cena per sabato sera.
GRAZIANA: Sì. va bene. A che ora devo presentarmi da te?
PAOLO: Alle 8,00 va bene? O puoi venire più presto ed aiutarmi in cucina.
GRAZIANA: Eh... Va bene alle 8,00. Posso portare qualcosa?
PAOLO: No, no. Ti piace il pesce?
GRAZIANA: Sì, mi piace il pesce. E non sono vegetariana. E non ho allergie.
PAOLO: Perfetto. Allora ti do l'indirizzo. Lungarno Archibusieri, numero 8. Sai dov'è?
GRAZIANA: Vicino alla Piazza del Pesce, cioè al Ponte Vecchio, vero?
PAOLO: Sì, infatti l'edificio dà sulla Piazza del Pesce e sul Corridoio Vasariano. Ci vediamo sabato sera alle otto. Arrivederci.
GRAZIANA: Ciao.

FAIXA 19

Conversa 1:
Pronto?
Pronto. Buon giorno. C'è Giacomo?
Sì. Un attimo.

Conversa 2:
Pronto?
Pronto. Sono Mirella. C'è Francesco?
No, non c'è.
Grazie. Buon giorno.
Buon giorno.

Conversa 3:
Pronto?
Ciao. Sono Nico.
Ciao, Nico! Come stai?
Bene. Tu?
Bene.
Vorresti andare al cinema?
Mi piacerebbe ma devo lavorare.
Eh. Forse la settimana prossima.
OK.
Ci risentiamo sabato. Va bene?
Sì. Va molto bene.
Allora, ciao ciao.
Ciao. Ciao.

 FAIXA 20

1. Fai studente o dottore? *Faccio lo studente. Faccio il dottore. Non faccio lo studente. Non faccio dottore.*
2. Che giorno è oggi? *Oggi è lunedì.*
3. Lei è vegetariana? *No, non sono vegetariana.*
4. Sei italiano o americano? *Sono americano.*
5. È buono il vino? *Sì, il vino è buono.*

FAIXA 21

PAOLO: Di dove sei?
GRAZIANA: Sono di Firenze. Anche mia madre è di Firenze; ma il babbo è di Roma.
PAOLO: Mio padre e mia madre sono di Firenze.
PAOLO: Che lavoro fai?
GRAZIANA: Faccio la professoressa. Tu?
PAOLO: Faccio il medico.
GRAZIANA: Anche Marisa fa il medico, fa la pediatra. Qual è la tua specializzazione?
PAOLO: Faccio il chirurgo pediatrico. Ma mi piacerebbe fare il giornalista.

Roteiro de Áudio

185

PAOLO: Cosa insegni?

GRAZIANA: Insegno letteratura americana.

PAOLO: Dove?

GRAZIANA: All'università.

PAOLO: Così, parli inglese.

GRAZIANA: Certo.

PAOLO: Beppe cosa fa?

GRAZIANA: Lui sta a casa con le bambine. Ma fa l'autore. Scrive biografie. È famoso.

PAOLO: Come?

GRAZIANA: È famoso. Ma il nome che usa da scrittore è Guglielmo Brancusi.

FAIXA 22

1. caffè	11. telefono
2. piazza	12. terrazza
3. l'ufficio	13. concerto
4. arrivederci	14. musica
5. Ciao!	15. turisti
6. poeta	16. professore
7. studio	17. espresso
8. Bravo!	18. museo
9. le lasagne	19. medico
10. l'editore	20. biografie

FAIXA 23

1. Di dove sei?	*Sono di Chicago.*
2. Cosa fai?	*faccio il/la giornalista.*
3. Come ti chiami?	*Mi chiamo Anna.*
4. Tu sei studente (studentessa)?	*faccio il/la Non faccio il/la studente (studentessa).*
5. Sei a casa?	*Sì, sono a casa.*

FAIXA 24

Paolo fa il medico, anche Marisa fa il medico. Loro sono di Firenze. Beppe lavora a casa. Graziana lavora all'università. Sono amici. Vanno a teatro sabato sera. Il teatro è in Via Verdi. C'è una rappresentazione di «La Bohème» di Giacomo Puccini.

1. Chi va a teatro?	*Paolo, Marisa, Beppe e Graziana vanno a teatro.*
2. Dov'è il teatro?	*Il teatro è in Via Verdi.*
3. Come si chiama il medico?	*Il medico si chiama Paolo.*

4. Dove lavora Beppe? *Beppe lavora a casa.*
5. Cosa c'è a teatro? *C'è una rappresentazione di «La Bohème».*
6. Chi è il compositore di «La Bohème»? *Giacomo Puccini è il compositore di «La Bohème».*
7. Quando vanno a teatro? *Vanno a teatro sabato sera.*
8. Di dove sono Paolo, Graziana, Marisa e Beppe? *Loro sono di Firenze.*

FAIXA 25

MARISA: Che pittore bravo. Giovanni Fattori.
BEPPE: Sì, sono d'accordo. È unico.
MARISA: Di dov'è?
BEPPE: Era di Genova, credo.
MARISA: Sai, preferisco l'opera di Annigoni.
BEPPE: Anche lui era bravo. Ma io preferisco Fattori.
MARISA: Be'. Annigoni e Fattori sono ambedue bravi. Allora, fra due settimane andiamo a teatro con Graziana e Paolo.
BEPPE: Sono... eh... amici?
MARISA: Sì. Lui e lei sono intelligenti, simpatici e — molto importante — non sono sposati.
BEPPE: Tu sei contenta. Perché?
MARISA: Perché è una coppia deliziosa. E perché sono felici insieme.
BEPPE: Lui, com'è? E lei?
MARISA: Lui è alto, bruno e bello. Intelligente. Come chirurgo è molto bravo, lavora molto. E Graziana fa la professoressa anche molto intelligente. E brava. Lei è bionda, magra, con gli occhi verdi. Insomma, sono persone carine.
BEPPE: Lui è di Firenze?
MARISA: Sì, ed anche lei.

FAIXA 26

1. Chi sono io? Sono (relativamente) giovane, nero, magro, alto, intelligente e importante. Sono americano. Abito a Washington ma sono di Chicago. Sono politico.
2. Chi sono io? Sono um ragazzo italiano. In principio, non ero vero o vivo, ma ero la creazione del babbo, Geppetto. Ho un naso che può essere molto lungo. Ho un gatto che si chiama Figaro e un amico che è la mia coscienza e che si chiama Grilletto.
3. Che cosa sono? Sono una cosa da mangiare. Sono italiana. Sono semplice e fundamentale alla cucina italiana. Mi può mangiare con il ragu. Ho molte forme e molti nomi.

Roteiro de Áudio

187

FAIXA 27

BEPPE: Oggi, siccome è il 31, devo andare alla banca ed anche a pagare le bollette della luce, del gas, e dell'acqua. Hai bisogno di qualcosa dal centro?

MARISA: Sì, puoi andare alla tintoria? Ho un sacco di abiti che sono pronti.

BEPPE: La tintoria o la lavanderia?

MARISA: La tintoria.

BEPPE: Senz'altro. A che ora torni stasera?

MARISA: Be', ho un appuntamento alle 7,00 (sette). Posso ritornare verso le 9,00 (nove).

BEPPE: Allora, io posso prendere le ragazze a scuola. Hanno lezioni stasera?

MARISA: Sì. Francesca e Paola, tutt'e due, hanno lezioni di ballo. Ricordi?

BEPPE: Certo. Ok. Mercoledì, la danza; lunedì, la musica; sabato, il calcio. Giovedì... hanno qualcosa giovedì?

MARISA: No, sono libere il giovedì.

BEPPE: A che ora?

MARISA: Dalle 5,00 (cinque) alle 7,00 (sette).

BEPPE: Devo preparare la cena?

MARISA: Se vuoi. O invece posso andare alla rosticceria. Loro hanno cose buonissime.

cosa vuoi mangiare?

BEPPE: Stasera... boh... non lo so. Un pollo arrosto con patate e un altro contorno? Ma perché non vado io. Tu hai abbastanza da fare.

MARISA: Va bene. Forse un'insalata. Ma hai tempo libero, cioè tempo per lavorare?

BEPPE: Sì. Non vado in centro fino alle 11,00 (undici).

FAIXA 28

1. Il presidente degli Stati Uniti, ha un cane?	*Il presidente ha un cane.*
2. Tu hai bisogno di mangiare?	*Sì, ho bisogno di mangiare.*
3. Beppe ha molto da fare?	*Beppe ha sempre molto da fare.*
4. L'Italia ha una buona cucina?	*L'Italia è famosa per la buona cucina.*
5. Francesca e Paola hanno molte lezioni?	*Sì, le ragazze hanno molte lezione – di danza, musica, calcio.*

FAIXA 29

Beppe prende il bus numero 23 per andare in banca. Ha il biglietto, comprato all'edicola. Arriva in centro alle 11,30 (undici e trenta). Va direttamente in banca per ritirare dei soldi. Poi va alla tintoria. Ma che errore! Ha i vestiti di Marisa quando va alla posta. Molto scomodo! All'ufficio postale (la posta) paga le bollette, in contanti. Poi torna a casa.

FAIXA 30

TU: Buon giorno.

COMMESSO: Buon giorno.

TU: Vorrei cambiare dei soldi, per favore.

COMMESSO: Bene. Ha un documento, un passaporto?

TU: Sì, ecco il passaporto.

COMMESSO: Lei è americano?

TU: Sì, sono di Chicago.

COMMESSO: Vanno bene pezzi da 50 Euro?

TU: Sì, credo di sì. Mi dica c'è qua vicino un ufficio postale?

COMMESSO: Infatti. All'angolo, a sinistra, c'è l'ufficio postale.

TU: Grazie, arrivederci.

COMMESSO: Arrivederci.

FAIXA 31

BEPPE: Ciao, belle!

FRANCESCA, PAOLA: Ciao, babbo!

FRANCESCA: Babbo, sai cosa? Ho un nuovo libro. Guarda.

BEPPE: Amore, non posso guidare e guardare allo stesso momento. Fammelo vedere a casa.

PAOLA: Dove andiamo? Non è la strada di casa.

BEPPE: È una sorpresa.

PAOLA: Mi piacciono le sorprese.

FRANCESCA: Dov'è la mamma?

BEPPE: Ha un appuntamento. Noi andiamo in rosticceria.

PAOLA: Non è una sorpresa.

BEPPE: Avete compiti?

PAOLA, FRANCESCA: Sì, purtroppo.

FRANCESCA: Io preferisco leggere il mio nuovo libro. Non mi piacciono i compiti.

BEPPE: Ma sono necessari.

FRANCESCA: Perché?

BEPPE: Emm... perché... perché... Eccoci qua alla rosticceria. Cosa volete mangiare? Va bene un bel pollo arrosto con contorni di patate e spinaci?

PAOLA: Non mi piacciono gli spinaci. Hanno fagiolini?

BEPPE: Credo di sì.

FRANCESCA: Possiamo ordinare un dolce? Torta della nonna?

PAOLA: Sì, Babbo, per favore. Abbiamo bisogno di un dolce. Abbiamo molti compiti e abbiamo bisogno di energia.

Roteiro de Áudio 189

FAIXA 32

GRAZIANA: Cosa vorresti fare oggi? C'è una scelta incredibile.

PAOLO: Boh. Mi piacerebbe andare al cinema. C'è un nuovo film di Benigni. Ma fa bel tempo. Meglio stare fuori.

GRAZIANA: Possiamo andare al mercato.

PAOLO: Che bell'idea! C'è il mercato di antichità in Piazza Ciompi. Mi piacciono i negozi là.

GRAZIANA: OK. E poi, c'è un ristorante vicino al mercato che vorrei provare.

PAOLO: Quale ristorante?

GRAZIANA: Si chiama… non ricordo il nome. Ma so dov'è.

PAOLO: Com'è?

GRAZIANA: È piccolo con un menu toscano. Non è caro. Ha una cucina casalinga favolosa.

PAOLO: E poi stasera?

GRAZIANA: Poi stasera possiamo andare al cinema. Ti piacciono i film di Benigni?

PAOLO: Sì, mi piacciono molto. Ma mi piace anche la lirica.

GRAZIANA: Anche a me. C'è una rappresentazione di «Rigoletto» al Teatro Communale.

PAOLO: Vediamo se ci sono biglietti.

GRAZIANA: O possiamo sempre restare a casa.

PAOLO: Sì, è una possibilità.

FAIXA 33

1. Cosa vorresti fare?
2. Preferisci andare al cinema o al museo?
3. Andiamo al mercato?
4. Ti piace mangiare ai ristoranti nuovi?
5. Che tempo fa?
6. Ci sono molti turisti al Museo Civico?
7. C'è un nuovo film che vorresti vedere?
8. Ti piacciono i Futuristi? C'è una mostra.
9. C'è un teatro qua vicino?
10. A che ora è l'opera?

FAIXA 34

1. Questa città non ha strade tradizionali, ma canali pieni di acqua. Ha l'architettura bizantina ma anche occidentale. Ci sono molti ponti qui. Quale città è?
2. È un libro italiano – vecchio vecchio – che parla di Firenze, dell'amore, dell'inferno, del purgatorio e del paradiso. Ci sono personaggi "veri" – cioè Beatrice, Vergile, Giulio Cesare, Ulisse e Dante Alighieri. Come si intitola?

3. È un uomo fiorentino, un chirurgo. Compra molti libri. Sa cucinare (infatti il padre è proprietario di un ristorante). Secondo Marisa, è intelligente e simpatico, alto, bruno e bello. Come si chiama?
4. E una donna molto famosa. È italo-americana. Oggi (almeno) ha i capelli biondi. Canta. Scrive. Ha svolto il ruolo di Evita nel film dello stesso nome. Il suo nome vero è Louise Veronica Ciccone. Chi è?

FAIXA 35

BEPPE: Buon giorno, care. Avete dormito bene?
FRANCESCA: Babbo, ciao! Sì, come un ghiro.
PAOLA: Io, no. E ho sonno. Devo proprio andare a scuola? Non ne ho voglia.
BEPPE: Sì, cara. Devi andare a scuola.
FRANCESCA: Ho fame e sete.
PAOLA: Anch'io ho fame.
BEPPE: Be', c'è cioccolato caldo e un toast.
FRANCESCA: Ummm. Babbo, oggi è giovedì, no? Ho bisogno di una felpa.
PAOLA: Babbo, sai che non mi piace il toast. Posso mangiare biscotti o cereale o frutta?
BEPPE: Sì, tesoro. Puoi mangiare cereale e frutta. Francesca, perché hai bisogno di una felpa?
FRANCESCA: Perché andiamo al parco. Ed io ho sempre freddo.
PAOLA: Ho paura del parco.
BEPPE: Perché?
PAOLA: Perché ci sono cani grossi là.
BEPPE: Hai ragione. Ci sono moiti cani grossi. Ma non devi averne paura. Sono simpatici.
FRANCESCA: Tu, Paola. quanti anni hai? Perché hai paura dei cani?
PAOLA: Perché i cani non sono simpatici.
FRANCESCA: Hai torto! Devi avere pazienza con loro. Non avere fretta. Sono amichevoli.
PAOLA: Preferisco i gatti. A proposito, Mamma, posso avere un gatto?

FAIXA 36

FRANCESCA: Ho molto sonno. Più di te.
PAOLA: No, io ho molto, molto sonno. Più di te.
FRANCESCA: Ok. Noi due abbiamo sonno. È vero. Però, io ho anche fame.
PAOLA: Io ho molta fame, una fame da lupo.
FRANCESCA: Ho più anni di te. Ho 10 (dieci) anni e tu hai soltanto 8 (otto).
PAOLA: Vero, ma io sono più simpatica.
FRANCESCA: Eh? Sono più alta, più intelligente, più carina.
PAOLA: Io invece ho più libri e più amici.
FRANCESCA: No, non è possibile. Hai pochi libri e molti giocattoli. Insomma, sei molto giovane.

Roteiro de Áudio 191

PAOLA: Hai torto! Tu sei antipatica.

FRANCESCA: Ma sì, sei una bimba. Hai perfino paura dei cani.

PAOLA: Soltanto i cani grossi. Mi piacciono più i gatti.

FRANCESCA: Hai voglia di trovar una gatta, vero?

PAOLA: Da morire!

FRANCESCA: Ho un'amica di scuola che ha gattini.

PAOLA: Possiamo averne uno?

FRANCESCA: La mamma non ce lo permetterebbe.

PAOLA: Perché non glielo chiediamo?

FRANCESCA: No, ma ho una boun'idea. Se arrivo a casa con un bel gattino, ecco fatto. Se non chiediamo, non può dire di no…

PAOLA: Sei molto furba, più furba di me.

FAIXA 37

1. cinque più sette fa dodici
2. undici meno sei fa cinque
3. trenta meno due fa ventotto
4. due più dodici fa quattordici
5. uno più diciotto fa diciannove
6. otto più otto fa sedici
7. tre più venti fa ventitrè
8. ventiquattro meno diciotto fa sei
9. ventitré meno quindici fa Otto
10. nove più uno fa dieci

FAIXA 38

1492	millequattrocentonovantadue
1861	milleottocentosessantuno
1848	milleottocentoquarantotto
1776	millesettecentosettantasei
1517	millecinquecentodiciassette
1265	milleduecentosessantacinque

FAIXA 39

PAOLO: Che bella tavola! Pranziamo qui, in giardino?

MARISA: Grazie. Sì, quando fa bel tempo, pranziamo qui fuori. Io credo che faccia bene. Poi dopo possiamo fare due passi se volete.

GRAZIANA: Bell'idea. Io quasi sempre faccio due passi dopo cena. Ho una nuova macchina fotografica e forse posso fare delle foto.

PAOLO: Ma dove sono le ragazze? E Beppe?

MARISA: Le ragazze sono dai nonni. Fanno loro visita, quasi ogni settimana. E Beppe è al telefono. Ma arriva.

GRAZIANA: So che tu sei una brava cuoca, Marisa. Cosa mangiamo stasera?

MARISA: È un pranzo tradizionale, semplice. Per primo, tagliatelle al limone. Per secondo, salmone al burro e salvia e verdura, Poi dell' insalata verde. Come dolci, per le ragazze ho preparato salame al cioccolato e siccome loro non lo hanno mangiato tutto – un miracolo – abbiamo il salame e dei cantucci con il vin santo.

GRAZIANA: Io adoro salame al cioccolato! Il mio biscotto preferito. Posso fare qualcosa?

MARISA: No, grazie. Ecco Beppe. Possiamo cominciare.

FAIXA 40

RISTORANTE: Pronto?

MARISA: Pronto, buon giorno. Vorrei fare una prenotazione per stasera.

RISTORANTE: Sì, a che ora?

MARISA: Verso le 8,30 (otto e mezza), se c'è posto.

RISTORANTE: Per quante persone?

MARISA: Quattro. Siamo in quattro.

RISTORANTE: Va bene. Il cognome, per favore.

MARISA: Bicci – Bologna, Ischia, Cremona, Cremona, Ischia.

RISTORANTE: Allora, quattro alle otto e mezza. A stasera. Buon giorno.

MARISA: Grazie, buon giorno.

Al ristorante (*No restaurante*)

CAMERIERE: Buona sera.

TODOS: Buona sera.

CAMERIERE: Da bere?

PAOLO: Un litro di acqua naturale. E vorrei ordinare uma bottiglia di Prosecco con una selezione di crostini.

CAMERIERE: Subito. Poi per primo?

GRAZIANA: Io vorrei tortelli di patate.

MARISA: Io, invece, le lasagne al forno.

BEPPE: Posso avere mezza porzione delle lasagne?

CAMERIERE: Certo.

PAOLO: Ed io, gli gnocchi ai quattro formaggi. Per il secondo, ci pensiamo poi.

MARISA: Prosecco? Festeggiamo qualcosa?

Roteiro de Áudio

193

PAOLO: Sì. Graziana ed io ci sposiamo.

MARISA: Che bella sorpresa! Tanti auguri!

BEPPE: Auguroni!

MARISA: Quando sono le nozze?

GRAZIANA: Probabilmente in ottobre.

FAIXA 41

1. Gli amici fanno pranzo da Beppe e Marisa.
2. Le ragazze sono a scuola.
3. Graziana ha una nuova macchina fotografica.
4. Mangiano in cucina.
5. Non mangiano un dolce.
6. Beppe e Marisa si sposano.
7. I quattro amici hanno una prenotazione per le 9,30 (nove e mezza).
8. Paolo ordina vari crostini.

FAIXA 42

PAOLO: Cara, quando arrivano Jake e Beatrice? E davvero, si chiama Jake? Non è di origine italiana?

GRAZIANA: Arrivano il 20 (venti) ottobre. Sì, è italo-americano e professore d'italiano. Ma evidentemente il nome Giacomo è troppo difficile per gli americani e lui usa Jake.

PAOLO: Non è neanche lo stesso nome. Noi possiamo usare Giacomo, no?

GRAZIANA: Certo. "Paese che vai, usanza che trovi."

PAOLO: Allora, lui insegna italiano. Lei, cosa fa?

GRAZIANA: Beatrice fa il capocuoco, uno chef, ad un ristorante italiano. E ha voglia di conoscere tuo padre.

PAOLO: Glielo presento molto volentieri.

GRAZIANA: Vogliono visitare ristoranti che servono piatti tipici. E preferiscono andare in campagna. Hanno solo due settimane.

PAOLO: Benone. Possiamo andare alla Sagra del Tartufo a Sant'Angelo in Vado; c'è anche una sagra del cinghiale e quella dei tortelli di patate nel Casentino. E il bel ristorante del mio amico nel Chianti dove preparano piatti etruschi... E...

GRAZIANA: ... e quella vigna vicino ad Arezzo dove producono olive e olio e vino.

PAOLO: Devono mangiare una bistecca alla fiorentina... e devono andare al mercato centrale. Oh, c'è troppo da fare. Purtroppo fanno un giro breve.

GRAZIANA: Sai, c'è una rivista molto bella che parla di tutti i ristoranti d'Italia. Posso comprarne una domani in edicola.

 Apêndice C

 FAIXA 43

C'è una professoressa di letteratura americana che si chiama Graziana Bicci. È molto brava. Ha una piccola famiglia a Firenze. Il suo fidanzato si chiama Paolo Franchini. Lui fa il chirurgo. Si sposano in ottobre. A loro piace andare al museo, fare due passi, pranzare con gli amici e leggere libri. Hanno amici americani (si chiamano Jake e Beatrice) che arrivano in Italia in ottobre. Gli amici fanno un giro culinario. La miglior amica di Graziana si chiama Marisa, Marisa è sposata. Ha due figlie, Francesca e Paola, di dieci e otto anni. Il marito si chiama Beppe. Tutte queste persone sono giovani, simpatiche e intelligenti.

1. Cosa fa Graziana? — *Fa la professoressa.*
2. Dove vivono Graziana, Beppe, Marisa e Paolo? — *Vivono a Firenze.*
3. Quando si sposano Graziana e Paolo? — *Paolo e Graziana si sposano in ottobre.*
4. Da dove arrivano gli amici? — *Gli amici, Jake e Beatrice, arrivano dagli Stati Uniti.*
5. Che tipo di giro fanno gli amici americani? — *Fanno um giro culinario.*
6. Quante figlie ha Marisa? — *Marisa ha due figlie.*
7. Come si chiama il marito di Marisa? — *Il marito di Marisa si chiama Beppe.*
8. Come sono queste persone? — *Queste persone sono giovani, simpatiche e intelligenti.*

FAIXA 44

bene   dispiace   prenotare   Roma   Stasera

Buona sera. Vorrei prenotare un tavolo per quattro persone per le nove, stasera.
Mi dispiace. Per le nove non è possibile. Va bene per le nove e mezza?
Sì. Il cognome è Garda – Geneva Ancona Roma Domodossola Ancona.

CD DOIS: Capítulos 6 – 10

FAIXA 1

BEATRICE: Arriviamo a Firenze il 20 ottobre verso le undici. Dove stiamo quest'anno?
JAKE: Ti piace quel piccolo albergo proprio nel centro storico, vero?
BEATRICE: Oh sì. È bello, piccolo e le persone che ci lavorano sono molto simpatiche. Per di più, non costa un occhio. Facciamo una prenotazione.
JAKE: Ok. Vediamo un po'. Arriviamo a Firenze il 20 ottobre. Ripartiamo da Firenze il 2 novembre se non sbaglio. Poi andiamo a Marzabotto per visitare il Museo Etrusco. E passiamo la notte vicino a Milano. Poi l'indomani, cioè il 3 novembre, torniamo negli Stati Uniti.

Roteiro de Áudio

195

BEATRICE: Sai, non c'è soltanto il Museo Etrusco a Marzabotto. C'è l'unica città etrusca d'Italia. E a Marzabotto c'è anche il cimitero partigiano.

JAKE: Per confermare la prenotazione in'albergo ho bisogno della carta di credito. Quando scade?

BEATRICE: La scadenza è scritta qui – giugno 2012.

JAKE: C'è altro che devo chiedere?

BEATRICE: Be', una camera doppia, con letto matrimoniale, servizi e tutto compreso. Servono una bella prima colazione.

JAKE: Oltre a Firenze e Marzabotto, dove andiamo?

BEATRICE: Andiamo ad Arezzo, a Gubbio, alla Gola del Furlo, a Sant'Angelo in Vado…

JAKE: Perché in questi posti piccoli?

BEATRICE: Per mangiare, amore, per mangiare!

FAIXA 2

1. Parli italiano?	*Sì. Parlo italiano.*
2. Dove lavori?	*Lavoro ad una scuola. Lavoro ad un ristorante. Lavoro in un ufficio.*
3. Cosa preferisci mangiare quando hai fame?	*Preferisco mangiare pizza. Preferisco mangiare un'insalata. Preferisco mangiare una bistecca.*
4. Visiti la famiglia spesso?	*Sì, visito la famiglia spesso.*
5. Quando torni a casa, cioè a che ora?	*Torno a casa tardi.*
6. Compri molte cose in Italia?	*No, non compro molte cose in Italia.*
7. Ti piace andare in Italia?	*Sì, mi piace da morire!*
8. Insegni? Fai il professore?	*Sì insegno. Non faccio il professore.*
9. Sai cucinare?	*Sì, so cucinare.*
10. Ricordi il nome del ristorante vicino al mercato?	*No, non ricordo il nome del ristorante vicino al mercato.*
11. Chi paga il conto?	*Pago io.*
12. Vuoi guardare la televisione?	*No, non ho voglia di guardare la televisione.*
13. Prendi un caffè?	*Sì, prendo um caffè bello caldo.*
14. Hai voglia di andare al museo?	*Sì, ne ho voglia.*
15. Quanti anni hai?	*Ho trenta anni.*
16. Come sei tu?	*Sono alta, intelligente, simpatica e felice.*
17. Leggi molto?	*Leggo moltissimo.*
18. Quando hai freddo, prendi tè o caffè?	*Quando ho freddo, prendo da caldo.*
19. Telefoni alla famiglia ogni giorno?	*Sì, telefono alla famiglia ogni giorno.*
20. Dormi bene quando fai un viaggio?	*No, non dormo bene quando faccio un viaggio.*

 FAIXA 3

JAKE: Mamma mia, ma le zanzare sono feroci!

BEATRICE: Hai ragione! Dimentico sempre che qui a Firenze, specialmente vicino all'Arno, ci sono zanzare tutto l'anno. Andiamo in farmacia per un repellente. E mentre siamo fuori, devo comprare dei francobolli per le cartoline e un orario dei treni.

JAKE: Prima, la farmacia per un repellente, poi il tabaccaio per i francobolli e se non sbaglio c'è un' edicola dove possiamo comprare l'orario.

BEATRICE: Sai leggere l'orario dei treni? Secondo me, non è mica facile da capire.

JAKE: Mi arrangio.

BEATRICE: Bravo! Tu ce la fai sempre. Anche in edicola dove hanno una bella selezione di cartoline vediamo se c'hanno il libro «English Yellow Pages». È molto utile. Vorrei andare anche dal fruttivendolo. Ho bisogno di frutta fresca.

JAKE: Va bene. Cosa è il libro «English Yellow Pages»?

BEATRICE: È un libro con liste e liste di negozi, medici, scuole dove si parla inglese. Non conosci il libro perché non ne hai bisogno.

JAKE: E tu? Tu parli benone l'italiano.

BEATRICE: Sì, ma se devo andare dal medico o in Questura, ad esempio, e tu non ci sei, non ce la faccio in italiano. Meglio in inglese.

JAKE: Lasciamo la chiave e recuperiamo i passaporti. Devo cambiare dei soldi.

FAIXA 4

JAKE: Perché non prepariamo un calendario. Le nozze sono il 22; ripartiamo da Firenze il 2 novembre. Ho prenotazioni per gli Uffizi il 31. Che ne dici di andare ad Arezzo il 24? Devo confessare che ho già i biglietti per visitare gli afreschi di Piero della Francesca...

BEATRICE: È una buon'idea. Possiamo andare ad Arezzo in treno. C'è trentina di treni ogni giorno se leggo l'orario correttamente.

JAKE: Sì, leggi correttamente l'orario. I treni da Firenze a Roma partono quasi ogni ora. Le prenotazioni sono per le 10,00 (dieci). Dobbiamo partire verso le 8,00 (otto). C'è un EuroStar alle 8,19 (otto diciannove) – ma non ci ferma. Allora, c'è un treno alle 8,22 (otto ventidue) che arriva ad Arezzo alle 9,03 (nove e tre). Va bene?

BEATRICE: Sì, poi abbiamo tempo per uno spuntino al caffè di fronte alla chiesa dove ci sono gli affreschi.

JAKE: Non trovo un treno che ferma a Gubbio. Dobbiamo noleggiare una macchina per qualche giorno?

BEATRICE: Credo di sì. Se andiamo a Gubbio e la Gola del Furlo e Sant'Angelo in Vado e forse ad Urbino, dobbiamo fare un solo giro. E poi è molto più semplice in macchina che in treno o in bus.

JAKE: In un solo giorno!

BEATRICE: No, no. Ma dobbiamo ritenere la camera qui e poi non dobbiamo fare le valigie di nuovo.

JAKE: Prodiga!

Roteiro de Áudio 197

BEATRICE: No, davvero, no. Per di più, se l'albergo è completo durante gli ultimi giorni del nostro viaggio?

JAKE: Bene, suppongo di sì. Dobbiamo noleggiare una macchina anche per andare a Marzabotto e poi a Milario?

BEATRICE: Assolutamente! È difficile andare a Marzabotto. E poi strada a Milano, c'è un ristorante favoloso in campagna... E a proposito, un'amica mia che abita ad Arezzo vuol invitarci a pranzare ad un ristorante vicino a Monterchi. Possiamo visitare la Madonna del Parto di Piero della Francesca e mangiare in campagna.

FAIXA 5

Jake e Beatrice arrivano in Italia, specificamente a Firenze, il 20 ottobre. Ci vanno per le nozze, cioè il matrimonio di Paolo e Graziana. Stanno ad un albergo (un hotel) in centro e visitano vari musei. Mangiano a molti ristoranti diversi. Visitano anche Arezzo e vari posti piccoli per provare la cucina locale. Portano ognuno una piccola valigia. Viaggiano in treno e in macchina.

1. Quando arrivano in Italia Jake e Beatrice?   *Jake e Beatrice arrivano in Italia il 20 ottobre.*
2. A quali città vanno?   *Vanno a Firenze, Arezzo e vari piccoli posti.*
3. Perché vanno in Italia?   *Vanno per le nozze di Graziana e Paolo.*
4. Dove stanno a Firenze?   *Restano ad un albergo in centro.*
5. Che cosa vogliono provare?   *Vogliono provavre la cucina locale.*
6. Quante valigie portano?   *Portano due valigie piccole.*

FAIXA 6

BEATRICE: C'è una rappresentazione di «La Bohème». Perché non ci andiamo? Canta "il nuovo Pavarotti".

JAKE: Impossibile. Non c'è un nuovo Pavarotti. Lui era unico.

BEATRICE: Bene, in ogni caso deve essere bravo per avere ricevuto questo titolo. Ci sono biglietti per il 25, il 28, e il 29. Quali preferisci?

JAKE: Il 25, perché andiamo a Gubbio il 26, no? Sono cari?

BEATRICE: Sono un po' cari. Leggi qui.

JAKE: Vorrei dei biglietti di palco. Costano 65 (sessantacinque) Euro. Va bene?

BEATRICE: Certo. Mi piacciono i palchi perché puoi vedere il pacoscenico.

JAKE: Sono d'accordo. Proverò a prenotarli oggi. C'è altro che vorresti vedere? Vedo che al teatro sperimentale presentano «Sei personaggi in cerca d'autore».

BEATRICE: Oh, mi piacerebbe tanto. Non l'ho mai visto a teatro. Soltanto al cinema perché ne hanno fatto un film.

JAKE: Okay. Cercherò i biglietti anche per quello.

BEATRICE: C'è un concerto? Forse al Palazzo Vecchio?

JAKE: Mi informerò.

 FAIXA 7

BEATRICE: Che bella produzione! Mi è piaciuto il tenore, ma avevi ragione. Non era Pavarotti. La scenografia ed i costumi erano splendidi. Povera Mimi. Era così dolce e così ammalata.

JAKE: E povero Rodolfo. Per lui, Mimi e l'amore erano immortali.

BEATRICE: Era proprio triste, al solito. Ho visto «La Bohème» molte volte e mi fa sempre piangere.

JAKE: Sì, fa piangere il cuore.

BEATRICE: Sono interessanti gli altri personaggi, anche se stereotipati.

JAKE: Ma certo. Sono stereotipati perché hanno le origini nella commedia dell'arte dove tutti i personaggi erano tipi, o maschere; cioè rappresentavano una caratteristica umana.

BEATRICE: Se non sbaglio, Shakespeare usava spesso questi personaggi.

JAKE: È vero, ma lui trasformava questi caratteri in personaggi più universali. Per questo continuiamo a leggere e vedere i drammi di Shakespeare. La commedia dell'arte è vista raramente oggi giorno.

FAIXA 8

BEATRICE: Per me, è sempre interessante il ruolo di Mimi.

JAKE: Perché?

BEATRICE: Perché è un ruolo difficile. Lei deve essere dolce e innocente, anche ingenua, e allo stesso tempo, forte.

JAKE: Ma questa Mimi non era forte. Mi sembrava un po' sciocca.

CAMERIERE: Ecco signori, gli antipasti. Per la signora, la terrina di verdura; per il signore, il salmone affumicato. Avete scelto un primo?

BEATRICE: Non mangio il primo stasera, ma per secondo vorrei il coniglio farcito alle erbe aromatiche e un'insalata verde.

JAKE: Io invece vorrei i rognoncini di vitello e patate al forno. Niente insalata per me.

CAMERIERE: Non ho potuto fare a meno di ascoltare; vi è piaciuta l'opera?

JAKE: Sì, ma non mi è piaciuta la voce di Mimi. Era un po' debole.

CAMERIERE: Certo che Mimi è debole. Muore...

JAKE: Musetta, invece, era bravissima.

BEATRICE: E il ruolo di Musetta richiede una voce molto forte.

CAMERIERE: Ed il tenore? È giovane e non ha mai cantato qui. Lo chiamano "il nuovo Pavarotti."

BEATRICE: Mio marito ed io ne abbiamo appena parlato. E in fin dei conti, lui era bravo. Ma non era certo Pavarotti.

JAKE: Come dice Lei, però, è giovane. E ha dimostrato un grande talento. Chissà? Un giorno...

CAMERIERE: Mi fa piacere sentire questo perché lui è un mio cugino.

Roteiro de Áudio

 FAIXA 9

C'era una ragazza motto bella. Si chiamava Cenerentola. Abitava con due brutte sorellastre *(irmãs postiças)*. Un giorno hanno ricevuto un invito a un ballo che dava il re. Il re voleva trovare una moglie per suo figlio, il principe. Le sorellastre sono andate al ballo. La bella ragazza voleva andare, ma non aveva un vestito. Tutt'ad un tratto è arrivata una buona fata; e ha mandato la bella ragazza al ballo con un bel vestito bianco ed oro. Il principe si è innamorato subito di Cenerentola. Ma lei è andata via a mezzanotte. Il principe cercava, cercava, cercava Cenerentola e finalmente ha trovato la bella ragazza, grazie a una scarpetta di cristallo. Ha sposato Cenerentola e erano tutt'e due molto felici.

1. Com'era Cenerentola? — *Cenerentola era bella.*
2. Com 'erano le sorellastre? — *Le sorellastre erano brutte.*
3. Com'era il vestito di Cenerentola? — *Era un bel vestito bianco ed oro.*
4. Cosa ha fatto il principe quando Cenerentola è andata via? — *Cercava lei.*
5. Cosa hanno ricevuto dal re? — *Hanno ricevuto un invito.*
6. Chi ha dato il vestito a Cenerentola? — *La buona fata.*
7. A mezzanotte, cosa ha fatto Cenerentola? — *A mezzanotte, Cenerentola è andata via.*
8. Chi ha sposato il principe? — *Cenerentola ha sposato il Principe.*

FAIXA 10

BEATRICE: Hai notato che ci sono mazzi di erbe aromatiche dal fruttivendolo?

JAKE: Sì, ci sono sempre salvia, rosmarino, basilico e altre erbe.

BEATRICE: Si usa il basilico non solo per cucinare. Ho visto del basilico – la planta – in cucina. Dopo avere preparato il pesce, ad esempio, si usa per togliere l'odore dalle mani.

JAKE: È molto intelligente. Però, i giardini che visitiamo sono proprio enormi. Tutte le ville Medici hanno dei giardini spettacolari.

BEATRICE: Invece di visitare le ville medicee, cosa che abbiamo già fatto, perché non andiamo a Stia. C'è il Palagio Fiorentino con dei bei giardini.

JAKE: No, è chiuso. È aperto soltanto da giugno a settembre. Ed il Parco Demidoff è anche chiuso. Ci sono andato una volta per una festa. Là si trova quella statua enorme – come si chiama? – l'Appenino, di Giambologna.

BEATRICE: Per le nozze di Graziana andiamo alla Villa Medici la Ferdinanda. Perché non torniamo al Giardino di Boboli. C'è la grotta; ci sono i giardini segreti, i cipressi. Insomma, c'è tanto da vedere. È uno dei più grandiosi giardini d'Italia.

JAKE: Va bene. E possiamo fare una passeggiata dopo, al Piazzale Michelangelo.

BEATRICE: Uffa! Se ce la faccio…

FAIXA 11

1. Al Giardino di Booli ci sono molte cose da vedere – la grotta, I giardini segreti, I cipressi.
2. Sì, ho visto un giardino formale. No, non ho mai visto um giardino formale.
3. Sì, mi piace lavorare in giardino. No, non mi piace.
4. Sì, ci sono giardini formali negli Stati Uniti.
5. Si usa molto il basilico nella cucina italiana.
6. In chiesa, non si parla – ma dipende dalla chiesa.
7. Ieri sono andata in centro.
8. Ero una bambina molto felice.
9. Mi alzo alle cinque.
10. Mi piace fare um picnic quando fa bel tempo.

FAIXA 12

JAKE: Grazie infinite, Graziana, per essere venuta con noi oggi.

GRAZIANA: Figurati, Jake. Io avevo proprio bisogno di scappare per un po'. Non ne potevo più! Ormai tutto è preparatissimo per le nozze. E volevo vedere voi due.

JAKE: Grazie a te, abbiamo potuto visitare la tomba «La Montagnola». Non la conoscevo.

GRAZIANA: Sai che il padre di una mia cara amica ha scoperto quella tomba.

BEATRICE: Davvero?

GRAZIANA: Sì, lui fa l'architetto ma è molto appassionato di archeologia.

JAKE: La cosa più interessante per me è che quella tomba rispecchia la tomba di Atreo. Ovviamente gli Etruschi hanno viaggiato è hanno imparato molto dalle culture del Medio Oriente e della Grecia.

BEATRICE: Per me la cosa etrusca più commovente è la chimera di Arezzo al Museo Nazionale Archeologico di Firenze.

JAKE: Sono d'accordo. Era un mostro, ma quella statua ha un aspetto – non lo so – quasi umano. Si vede che la chimera è ferita, sta per morire; e sembra triste.

GRAZIANA: Molte persone sono d'accordo con te. Ho un'altra amica americana che, la prima volta che ha visto la chimera, ha cominciato a piangere. Lei va a vedere la chimera ogni volta che si trova a Firenze.

BEATRICE: Hai già sentito parlare della sindrome di Stendhal? Capita quando hai visto troppa bellezza, per così dire. È una vera malattia.

GRAZIANA: Bene, a Firenze è un vero rischio.

FAIXA 13

1. Quali sono tre erbe aromatiche?   *Ter erbe aromatiche sono rosmarino, timo, basilico.*

2. Ci sono molte ville storiche in Italia?   *Sì, ci sono moltissime ville storiche in Italia.*

Roteiro de Áudio   201

3. Invece di visitare le ville Medici, dove sono andati Jake e Beatrice?
   Jake e Beatrice sono andati al Giardino di Boboli.
4. Cosa fa il signore che ha scoperto la tomba etrusca?
   Lui fa l'architetto.
5. Gli Etruschi hanno copiato o imitate altre culture?
   Gli Etruschi hanno imitato altre culture, specialmente quelle del Medio Oriente.
6. La chimera era gentile e dolce?
   La chimera non era gentile e dolce.
7. Hai già visitato una tomba etrusca?
   Sì, ho visitato varie tombe etrusche. No, non ho mai visitato una tomba etrusca.
8. Dove si trovano erbe aromatiche?
   Si trovano erbe aromatiche dal fruttivendolo.

FAIXA 14

BEATRICE: L'architettura fiorentina e proprio rinascimentale.

JAKE: Però, si possono vedere livelli diversi di civiltà e di architettura. L'anfiteatro romano, o una parte, è sempre visibile vicino a Santa Croce.

BEATRICE: Hai già visitato Lucca, Jake? C'è un anfiteatro romano che è ovale, con edifici più moderni che "crescono" dalle mura.

JAKE: A me piace l'architettura del Rinascimento. Quando abbiamo visitato il Palazzo Strozzi, ad esempio, ho potuto immaginare il potere della famiglia.

BEATRICE: Io ho sempre pensato al Palazzo Strozzi come al "Darth Vader" dei palazzi. È forte, scuro, elegante, e ben costruito, solido. Tu sai che ci lavoravo; usavo una delle biblioteche.

JAKE: No, non lo sapevo. Dopo tanti anni continuo a scoprire cose nuove di te. Ciò che mi piace qui in Italia è che non distruggono gli edifici antichi.

BEATRICE: La casa di Paolo si trova in un edificio costruito nel '300.

JAKE: Per andare dalla casa di Paolo, cioè dal Ponte Vecchio, al Duomo, dove andiamo?

BEATRICE: È semplice. Andiamo sempre diritto. Passiamo il Porcellino e la piazza della Repubblica, e poi a destra c'è il Duomo.

JAKE: E dopo, per andare al Mercato Centrale?

BEATRICE: Il mercato non è molto lontano. Dal Duomo giriamo a destra e seguiamo via de' Martelli fino alla piazza San Lorenzo. Poi giriamo a sinistra e passiamo per il Mercato di San Lorenzo. Dopo un po' arriveremo al Mercato Centrale. Il mercato, con due piani e l'architettura moderna, è difficile perdere.

JAKE: Siamo fortunati, sai? Abbiamo visto la storia.

BEATRICE: E abbiamo passeggiato per tutta la città, almeno per la parte storica.

FAIXA 15

MARISA: Le olive sono quasi pronte, vedi? Ragazze, non correte nella vigna!

BEPPE: Questa vigna è molto bella. Sarà un buon raccolto.

MARISA: Speriamo! Graziana era bellissima.

BEPPE: Sì, ed anche tu eri bellissima. Quando hai parlato in chiesa, ho quasi pianto.

MARISA: Perché? Ho detto solo che volevo per loro la stessa felicità che noi godiamo.

BEPPE: Ecco perché. Sono romantico, lo sai.

MARISA: Tutta la famiglia del babbo di Graziana è venuta. Sapevo che il padre era romano; ma che lui aveva cinque fratelli? Non lo sapevo. In chiesa tutti piangevano.

BEPPE: Hai parlato con Jake e Beatrice?

MARISA: No, parlerò loro stasera. La prossima settimana loro andranno a Sant'Angelo in Vado e ho un amico che lavora all'Istituto Nazionale della Ricerca sul Tartufo. – Sai, a volte mi chiedo che tipo di ragazzi sposeranno le nostre figlie.

BEPPE: Le nostre figlie non si sposeranno. Non lo permetterò. Non usciranno, mai, con un ragazzo.

MARISA: Davvero? Sei sentimentale ed autoritario. Quindi vivranno con noi per sempre?

BEPPE: Eh...

MARISA: I fratelli del padre di Graziana erano interessanti. Come si chiamano, ricordi?

BEPPE: Non sono sicuro. Ma quello con la cravatta blu che è molto simpatico è Guido, no? E quello che è un po' grasso si chiama Roberto.

MARISA: Poi, c'è quello con gli occhi verdi, molto bello... si chiama...

FAUSTO. Non ricordo i nomi degli altri.

BEPPE: La madre di Graziana è bellissima, molto elegante.

MARISA: Come la figlia.

BEPPE: Che bella cosa, la famiglia!

 FAIXA 16

BEATRICE: Non vedo l'ora di arrivare a Sant'Angelo in Vado. Marisa mi ha dato il nome del direttore dell'Istituto Nazionale per la ricerca sul tartufo. Spero che potremo visitare l'Istituto.

JAKE: E comprerai dei tarfufi?

BEATRICE: Magari! È il cibo più caro del mondo!

JAKE: Qualche anno fa, c'è stato uno scandalo riguardo ai tartufi. Alcuni cani (i cani che trovano i tartufi) sono state avvelenate.

BEATRICE: No! Quei cani sono un vero investimento. C'è anche una scuola per loro, al nord, credo.

JAKE: A Sant'Angelo in Vado c'è una stutua, vicino all'Istituto, di un cane-cacciatore. E c'è una placca che dice: «All'inseparabile compagno della caccia».

BEATRICE: Leggevi di nuovo la guida?

JAKE: No, Graziana me l'ha detto questo.

BEATRICE: Ci sono moltissime e variate sagre o festival in Italia: c'è una sagra della patata che ricorda questo prodotto indispensabile durante la seconda guerra mondiale; c'è una sagra della bruschetta, dopo la raccolta delle olive; c'è una sagra dell'asparago verde e una del pesce (no – ci sono molte sagre del pesce in varie regioni d'Italia). Le sagre contribuiscono a un senso di identità. Ci sono sagre che festeggiano posti speciali e quelle storiche. Puoi mangiare bene ed imparare allo stesso momento se frequenti le sagre.

JAKE: Sei contenta quando mangi bene.

BEATRICE: Certo. È normale, no?

Roteiro de Áudio

JAKE: Dobbiamo ricordare i festival che non festeggiano le tradizioni culinarie. Ad esempio, c'è il festival di due mondi, quello della musica, a Spoleto. C'è il festival a Pesaro, quella città sull'Adriatico che festeggia la musica di Rossini e un altro a Torre del Lago che celebra la musica di Puccini.

BEATRICE: Sai, il mio festival preferito e quello del grillo a Firenze, quello che festeggia la primavera.

JAKE: Ce ne sono tantissimi. Come facciamo una scelta?

BEATRICE: Be', dato che si festeggiano tutto l'anno e in tutte le parti del paese, dovremo passare più tempo qui.

 FAIXA 17

MARISA: Che bella serata! Abbiamo molto da festeggiare quest'anno, no?

PAOLO: Sì, è stato un anno incredibile, con le nozze, un nuovo libro per Beppe e un cambio di lavoro per te, Marisa.

GRAZIANA: L'anno prossimo sarà interessante con tutti questi cambiamenti. Beppe, quando è uscito il tuo libro? È una biografia, vero?

BEPPE: È appena uscito. È una biografia dell'ultima amante di Lord Byron. Era una giovane donna, italiana. Dopo la morte di lui, è vissuta altri cinquanta anni. Viveva vicino a Firenze. È una storia davvero romantica.

PAOLO: Complimenti! Marisa, quando comincerai il nuovo lavoro?

MARISA: Fra tre settimane.

GRAZIANA: Avete sentito che torneranno Jake e Beatrice? Lui prenderà un anno sabbatico e lei lavorerà col babbo di Paolo al ristorante.

MARISA: Che bello! Sarà un piacere conoscerli meglio. Ascoltate! Sentite i fuochi artificiali?

PAOLO: Se guardate verso San Miniato, vedrete tutto. «Firenze, stanotte sei bella in un manto di stelle». Ricordate quella vecchia canzone? Poi stasera Firenze e bella su un manto di fuochi artificiali.

GRAZIANA: Buon Anno!

TUTTI: Buon Anno!

 FAIXA 18

1. Quanti fratelli ha?
2. Tu sei sentimentale!
3. Andremo da Paolo l'anno prossimo.
4. I tartufi sono molto cari.
5. Hai visitato quell'Istituto?
6. Lui ha fatto quelle foto.
7. Lei è una donna elegante.
8. Siamo andati a una sagra di pesce a Camogli.
9. Quando è uscito il libro?
10. Buon Anno!

FAIXA 19

JAKE: Allora, siamo arrivati il 20 e la nostra amica si è sposata il 22. Le nozze sono state bellissime. Abbiamo conosciuto la sua famiglia e molti suoi amici. Abbiamo passato il primo giorno con lei e abbiamo visitato una tomba etrusca e il museo archeologico.

BEATRICE: Abbiamo passato il nostro ultimo giorno a visitare una città etrusca.

RICCARDO: Quale?

BEATRICE: Ce n'è soltanto una, Marzabotto. E' davvero affascinante. Gli Etruschi erano così avanti. Al museo abbiamo visto tegole (esattamente come le nostre), un colabrodo, degli specchi, spilli di sicurezza e dadi… C'era anche uno scheletro.

JAKE: Inoltre c'erano casi e statue bellissimi. Abbiamo comprato un paio di riproduzioni al negozietto del museo.

RICCARDO: Non è a Marzabotto che c'è stata una rappresaglia tremenda – moltissime persone ammazzate – durante la seconda guerra mondiale?

JAKE: Sì, quase 1.900; e abbiamo visitato il cimitero.

RICCARDO: Che altro avete fatto? Dove altro siete andati?

JAKE: Tu conosci Beatrice. Abbiamo mangiato molto cibo delizioso.

BEATRICE: Sono tornata con delle buone idee per il ristorante. Il problema sarà trovare gli ingredienti.

JAKE: Siamo anche andati a una sagra del tartufo. Per andarci abbiamo noleggiato una macchina e abbiamo seguito la strada di Piero della Francesca. Che pittore eccezionale!

BEATRICE: Era prima di tutto un matematico. È per questo che i suoi quadri sono così moderni, credo, anche se è vissuto durante il 1400. Sapete che è morto il 12 (dodici) ottobre del 1492? Che coincidenza, eh?

JAKE: Abbiamo anche visto una rappresentazione di «La Bohème».

BEATRICE: Con un tenore molto bravo, che – guarda caso – era il cugino del cameriere che ci ha servito al ristorante quella sera.

RICCARDO: Il mondo è proprio piccolo.

JAKE: Poi siamo andati a Gubbio, una bella città medioevale.

RICCARDO: È dove ci sono le tavole eugubine.

BEATRICE: Sì, nel Museo Civico.

JAKE: Mi è piaciuta tanto Gubbio. Volevo comprarci una casa.

BEATRICE: Perché non l'hai fatto? Io avrei detto di sì – senz'altro.

RICCARDO: Come ti invidio!

FAIXA 20

1. Dove sono andati Jake e Beatrice?   *Sono andati in Italia.*
2. Cosa pensano degli etruschi?   *Pensano che erano molto sofisticati.*
3. Hanno visto degli amici?   *Sì, hanno visitato vari amici.*

Roteiro de Áudio

205

4. Jake ha comprato una casa a Gubbio?

No, Jake non ha comprato una casa a Gubbio (ma voleva comprarne una).

5. Cosa è successo a Marzabotto?

A Marzabotto c'è stata una rappresaglia brutta.

6. Quando?

Durante la seconda guerra mondiale.

7. Com'è Riccardo, secondo te?

Secondo me, Riccardo è simpatico (e un po' geloso).

8. Hanno noleggiato una macchina?

Sì, hanno noleggiato una macchina.

9. Sono andati a Roma Jake e Beatrice?

No, non sono andati a Roma.

10. Jake e Beatrice hanno conosciuto altri americani?

No, non hanno conosciuto altri americani.

FAIXA 21

1. Il colosseo
2. Carnevale
3. la Torre Pendente
4. limoncello
5. Venezia
6. una villa palladiana
7. la sagra del tartufo
8. il mare
9. un bagno
10. i fuochi artificiali
11. il gelato
12. il Duomo
13. la tomba di Michelangelo
14. un museo scientifico
15. Firenze
16. la casa di Galileo
17. un'opera lirica
18. un'edicola
19. un secondo piatto
20. un giardino botanico

FAIXA 22

1. Mi chiamo Davide e sono americano. Mi chiamo Elisabetta e sono americana.
2. Posso vedere il castello. Lo vedi?
3. Gli compro la casa.
4. In Italia, li visiterò.
5. Mi piace viaggiare. Nuove città? Adoro vederle.
6. Vengono alla festa?
7. Non li invito.
8. Gli mando cartoline da tutte le città che visito.
9. ArrivederLa, signore.
10. C'è tanto da vedere. Vorrei vederlo tutto!

 FAIXA 23

BEATRICE: Passeremo sei mesi in Italia e resteremo a Firenze per almeno quattro mesi. Come troviamo un appartamento?

JAKE: Ci sono tanti siti sull'Internet che offrono appartamenti. Li affittano per una settimana, per un mese, per un anno. Ne troveremo uno. Per di più. Graziana ci aiuterà.

BEATRICE: Avremo bisogno di una macchina?

JAKE: No, non credo. I mezzi pubblici basteranno. Se troviamo un appartamento in centro o vicino al centro possiamo andare a piedi – tu al ristorante ed io alla biblioteca.

BEATRICE: In ogni caso è impossibile trovare parcheggio.

JAKE: Non abbiamo bisogno di una casa col telefono perché abbiamo i telefonini.

BEATRICE: È vero. Senti, se arriviamo in agosto, andiamo direttamente a Firenze o andiamo al mare per trovare gli amici? Graziana ha una casa vicino a Viareggio e c'è posto per noi.

JAKE: Dobbiamo prima fermarci a Firenze, così possiamo lasciare lì tutto il bagaglio e poi passare alcuni giorni con Graziana e Paolo.

BEATRICE: Allora, secondo me, dobbiamo portare poco. In fondo, avremo un appartamento con tutto il necessario – mobili, cucina, bagno, lavatrice, televisore…

JAKE: Io avrò bisogno del computer.

BEATRICE: Ed io avrò bisogno di un po' di coltelli.

JAKE: Coltelli?

BEATRICE: Sì, amore, ogni chef usa solo i suoi coltelli. Sono molto personali.

JAKE: La dogana sarà un'esperienza interessante…

RESPOSTAS

CAPÍTULO 1

Revisão do Diálogo 1-1
1. Buon giorno! 2. Ciao! 3. Salve! 4. Come va? 5. Come stai? 6. Bene.
7. Ciao! 8. Bene. 9. Buon giorno! Salve! Ciao!

Exercício Oral 1-1
1. Vorrei mangiare. 2. Preferisco andare al museo. 3. Sì, so parlare italiano. 4. Sì, mi piacerebbe. 5. No, non posso venire con voi. 6. Sì, devo lavorare oggi. 7. No, non sto per dormire. Sto per leggere.

Exercício Oral 1-2
1. le lasagne 2. adagio 3. bravo 4. la villa 5. il ghetto 6. il concerto 7. l'editore
8. il prosciutto 9. con brio 10. l'opera 11. gli gnocchi 12. il motto 13. lo scherzo 14. piano 15. il fiasco

Exercício Oral 1-3
1. Sylvester Stallone 2. Antonin Scalia 3. Liza Minelli 4. Madonna 5. Mario Cuomo, Fiorello LaGuardia 6. Mario Puzo 7. Joe DiMaggio 8. Amerigo Vespucci 9. Amedeo Giannini 10. Maria Montessori 11. Nancy Pelosi 12. Rocky Marciano 13. Enrico Caruso 14. Enrico Fermi

Exercício Oral 1-4
Le belle arti: chiaroscuro, Rinascimento, affreschi, mansarda, loggia, terrazza, piazza, cantina, medioevo, impasto, Ghirlandaio

La lirica, musica: concerto, Rossini, Verdi, allegro, fortissimo, Puccini, piano

Cibo: ricotta, tagliatelle, gnocchi, lasagne, pizza, zucchino

La vita quotidiana: idraulico, bagno, Mirella, fanciulla, casa, affitto

Respostas

Exercício Oral 1-5

1. Andiamo da Franco per un caffè?   2. Lui lavora troppo!   3. Ho un appuntamento alle 9,30.   4. Non posso.   5. Mi fate compagnia?   6. Non posso?   7. Offro io.   8. Conosci il nuovo professore?

Exercício Oral 1-6

1. sarcasmo   2. entusiasmo   3. fermezza   4. indifferenza   5. dubbio   6. irritazione   7. tristezza   8. sorpresa   9. paura   10. contentezza

Revisão do Diálogo 1-2

1. vero   2. falso   3. falso   4. falso   5. vero   6. falso

Diário: escrita direcionada

Seguem respostas que servem meramente como exemplo: Oggi è lunedì, il 2 (due) settembre. Fa brutto tempo. Oggi vorrei dormire.

TESTE RÁPIDO

1. b   2. c   3. c   4. a   5. b   6. b   7. c   8. c   9. a   10. c

CAPÍTULO 2

Revisão do Diálogo 2-1

1. vero   2. falso   3. falso   4. falso   5. falso   6. vero

Exercício Escrito 2-1

1. Buona sera, Buon giorno.   2. Ciao! Salve!   3. Ciao! Arrivederci!   4. Buon giorno.   5. Buon giorno.   6. Ciao! Salve!   7. Ciao! Salve!   8. Buona notte.   9. Buona notte. A domani.   10. Buona notte.

Revisão do Diálogo 2-2

1. Si chiama Lorenzo Bicci.   2. Paolo vuole confermare la cena.   3. Lungarno Archibusieri.   4. No, Graziana non è vegetariana.   5. Paolo abita vicino al Ponte Vecchio.

Exercício Escrito 2-2

As respostas possíveis incluem: allergie, confermare, disturbo, perfetto, telefono, vegetariana

Respostas

Exercício Escrito 2-3

1. siete, siamo   2. è   3. è   4. sono   5. sono, sono   6. sono, sono   7. sono, sono   8. siete *ou* sono   9. sono   10. sono

Exercício Escrito 2-4

1. C'è   2. C'è   3. c'è   4. Ci sono   5. cioè   6. cioè

Revisão do Diálogo 2-3

1. falso   2. falso   3. falso   4. vero   5. vero

Exercício Escrito 2-5

As respostas possíveis incluem: americana, autore, biografie, famoso, giornalista, pediatrica, professoressa, Roma, specializzazione, università

Exercício Oral 2-4

1. caffè, café   2. piazza, praça   3. l'ufficio, escritório   4. arrivederci, adeus   5. Ciao! Olá!   6. poeta, poeta   7. studio, estudo   8. bravo, bravo   9. le lasagne, lasanha   10. l'editore, editor   11. telefono, telefone   12. terrazza, terraço   13. concerto, concerto   14. musica, música   15. turisti, turistas   16. professore, professor   17. espresso, expresso   18. museo, museu   19. medico, médico   20. biografie, biografia

Exercício Oral 2-5

1. Sono di Chicago.   2. Faccio il giornalista.   3. Mi chiamo Anna.   4. Sono (Non sono) studente (studentessa).   5. Sì, sono a casa.

Exercício Oral 2-6

1. Paolo, Marisa, Beppe e Graziana vanno a teatro.   2. Il teatro è in Via Verdi.   3. Il medico si chiama Paolo.   4. Beppe lavora a casa.   5. C'è una rappresentazione di «La Bohème».   6. Giacomo Puccini è il compositore di «La Bohème»   7. Vanno a teatro sabato sera.   8. Loro sono di Firenze.

Exercício Escrito 2-6

1. Come ti chiami?   2. Di dove sei?   3. Vorresti andare al cinema?   4. Cosa fai?   5. Preferisci mangiare o prendere un caffè?   6. Come stai?   7. Devi lavorare?   8. Puoi cucinare? Sai cucinare?   9. Vorresti visitare Roma?   10. Hai voglia di visitare Firenze?   11. È bravo Giovanni Fattori?   12. Perché vorresti visitare Firenze?   13. Che c'è la?   14. Dov'è il teatro?   15. Chi è Annigoni?

Revisão do Diálogo 2-4

1. Il pittore che Marisa preferisce è Annigoni. 2. Si chiama Giovanni Fattori. 3. Fra due settimane vanno a teatro. 4. Vanno con Graziana e Paolo. 5. Paolo è bruno. 6. Graziana è bionda.

Exercício Escrito 2-7

1. Il presidente degli Stati Uniti è alto, nero, intelligente, politico. 2. Graziana è brava, bionda, magra, con gli occhi verdi. 3. Paolo è alto, bruno, bello, intelligente. 4. Il padre di Graziana è vecchio, simpatico, romano, basso. 5. Un gatto è bello, basso, grande, magro. 6. La mia casa è grande, bianca e verde, nuova.

Exercício Oral 2-7

1. Barack Obama   2. Pinocchio   3. La pasta

TESTE RÁPIDO

1.c 2. b 3. b 4. c 5. a 6. b 7. a 8. c 9. b 10. bello / brutto, buono / cattivo, giovane / vecchio, grasso / magro, bianco / nero

CAPÍTULO 3

Revisão do Diálogo 3-1

1.f 2. f 3. f 4. v 5. f 6. v

Exercício Escrito 3-1

1. ho 2. ha 3. hanno 4. ha 5. abbiamo 6. hai 7. ho, ho 8. hanno 9. avete 10. hai

Revisão do Diálogo 3-2

1. Beppe va in centro. 2. Sì, ha il biglietto. 3. Va in banca per ritirare dei soldi. 4. Paga le bollette con contanti. 5. Porta i vestiti di Marisa all'ufficio postale. 6. Prende il bus. 7. Va in banca. 8. Va alla tintoria. 9. Va all'ufficio postale. 10. Torna a casa.

Exercício Oral 3-2

1. Buon giorno. 2. cambiare 3. Ha 4. passaporto 5. è 6. Chicago 7. da 8. Mi dica 9. c'è 10. Arrivederci

Revisão do Diálogo 3-3

Os cognatos incluem: appuntamento, energia, mamma, momento, necessari, ordinare, patate, sorpresa, spinaci, torta.

1. v 2. f 3. v 4. f 5. f 6. v

Respostas

Exercício Escrito 3-2

1. Mi piace   2. Mi piace   3. Mi piace   4. Mi piacciono   5. Mi piacciono   6. Mi piace   7. Mi piacciono   8. Mi piace   9. Mi piace   10. Mi piacciono

TESTE RÁPIDO

1. c   2. c   3. b   4. a   5. a   6. c   7. b   8. a   9. b   10. grande, no, scomodo, vecchio, sinistra, sfortunato

CAPÍTULO 4

Revisão do Diálogo 4-1

1. v   2. v   3. v   4. f   5. f

Exercício Oral 4-2

1. Venezia   2. La «Divina Commedia» (*A Divina Comédia*)   3. Paolo   4. Madonna

Exercício Escrito 4-2

As respostas podem variar. Possíveis respostas incluem: 1. No, non ho paura del cani grossi.   2. Ho 30 anni.   3. Sì, è vero. Lui ha ragione.   4. Sì, ho sete.   5. No, non ho bisogno di niente.   6. Sì, dopo cena, ho sonno.   7. Quando ho fame, preferisco mangiare la pasta.   8. In estate, ho caldo.   9. Sì, la mattina ho sempre fretta.   10. Sì, ho voglia di andare in Italia.

Revisão do Diálogo 4-2

Possíveis respostas incluem: Francesca: 1. Ha fame e sete.   2. Ha bisogno di una felpa.   3. Va al parco.   Paola: 1. Ha sonno.   2. Non ha voglia di andare a scuola.   3. Ha paura dei cani grossi.

Exercício Escrito 4-3

Possíveis respostas incluem: Francesca è: 1. bionda   2. alta   3. magra.   Paola è: 1. bruna   2. con gli occhi verdi   3. bassa.

Exercício Escrito 4-4

1. Come ti chiami?   2. Quanti anni hai?   3. Hai paura degli animali?   4. Di dove sei?   5. Hai fame?   6. Hai sonno?   7. Ti piace mangiare?   8. Hai freddo o caldo?   9. Sai cucinare?   10. Qual è il tuo numero di telefono?   11. Hai sempre fretta?   12. Ti piacciono i film?   13. Hai un cane o un gatto?   14. Ti piace Roma?   15. Preferisci Roma, Firenze, Venezia o Milano?   16. Ti piace l'opera lirica?   17. Hai una famiglia grande o piccola?   18. Ti piace il caffè italiano?   19. Che tipo di libro preferisci?   20. Andiamo al parco?

Revisão do Diálogo 4-3

1. Francesca è più vecchia. 2. Paola ha voglia di trovare un gatto. 3. Paola ha fame da lupo. 4. Francesca crede di essere più intelligente. 5. Paola è meno furba. 6. Paola ha molti giocattoli e pochi libri.

TESTE RÁPIDO

1. c 2. b 3. b 4. c 5. b 6. a 7. a 8. c 9. c 10. c

CAPÍTULO 5

Revisão do Diálogo 5-1

1. Le ragazze sono dai nonni. 2. Dopo cena, gli amici fanno due passi. 3. Graziana ha una nuova macchina fotografica. 4. Mangiano tagliatelle al limone. 5. Sì, ci sono due dolci, salame al cioccolato e cantucci con il vin santo.

Exercício Escrito 5-1

1. fa bel tempo 2. fa bene 3. fare due passi 4. fare delle foto 5. Fanno visita 6. fare qualcosa   As respostas às perguntas de 7 a 11 podem variar.

Exercício Escrito 5-2

1. fazer um telefonema 2. comprar um ingresso 3. visitar 4. fazer um favor 5. tomar café da manhã 6. passar uma boa impressão 7. passar uma má impressão 8. fazer bem a você 9. fazer mal a você 10. Isso não se faz

Revisão do Diálogo 5-2

1. Fanno cena a un ristorante. 2. Da bere, prendono l'acqua naturale e il Prosecco. 3. Sì, tutti mangiano un primo. 4. Festeggiano le nozze di Graziana e Paolo. 5. Si sposano in ottobre.

Exercício Oral 5-1

1. v 2. f 3. v 4. f 5. f 6. f 7. f 8. v

Exercício Escrito 5-3

1. Fa bel tempo. 2. Lui fa cena in giardino. 3. Loro fanno sempre due passi dopo cena. 4. Lei fa delle foto. 5. Facciamo una visita alla famiglia ogni domenica (*ou* la domenica). 6. Luisa fa una telefonata. 7. Faccio i biglietti. 8. Fa male. 9. Mi fai un favore? 10. Non si fa!

Respostas

Revisão do Diálogo 5-3

1. Gli amici americani si chiamano Jake e Beatrice.   2. Arrivano il 20 ottobre.   3. Lui è professore d'italiano.   4. Lei è il capocuoco ad un ristorante italiano.   5. Ci sono sagre a Sant'Angelo in Vado e nel Casentino.   6. Producono olive e olio e vino.

Exercício Escrito 5-4

Os cognatos incluem: arrivano, bistecca, centrale, chef, difficile, etruschi, evidentemente, italiana, italiano, italo-americano, mercato, olive, origine, ottobre, professore, ristorante, usare, visitare.

TESTE RÁPIDO

1. prenotare   2. stasera   3. dispiace   4. bene   5. Roma   6. c   7. b   8. b   9. a   10. c

TESTE DA PARTE UM

1. a   2. a   3. b   4. a   5. b   6. b   7. b   8. b   9. b   10. a   11. a   12. B   13. a   14. b   15. a   16. a   17. a   18. a   19. b   20. b   21. b   22. b   23. b   24. a   25. b

CAPÍTULO 6

Revisão do Diálogo 6-1

1. Jake e Beatrice arrivano a Firenze.   2. Jake e Beatrice arrivano il 20 ottobre.
3. L'albergo dove restano è piccolo e bello.   4. A Marzabotto c'è sono una città etrusca con un museo e un cimitero partigiano.   5. Sì. La scadenza è giugno 2012.   6. "Tutto compreso" significa che le tasse e la prima colazione sono incluse.

Revisão do Diálogo 6-2

Os cognatos incluem: bravo, farmacia, frutta, liste, passaporti, repellente, selezione, specialmente, treni.

Exercício Escrito 6-2

1. C, K, L   2. I, L   3. H, I, M   4. B, N   5. A, K   6. J   7. I, L, M   8. A, J   9. G   10. A, J, L   11. B, N   12. A, J   13. J   14. I, M   15. B   16. D   17. A, J   18. L   19. H, I, M   20. E, F

Revisão do Diálogo 6-3

1. Sì, le piace mangiare.   2. Vanno a Arezzo, Gubbio, Sant'Angelo in Vado, Urbino, Monterchi, Marzabotto.   3. Visitano gli affreschi di Piero della Francesca.   4. Vanno in treno.   5. Vanno agli Uffizi.

Exercício Escrito 6-3

As respostas a seguir são meros exemplos, já que seus horários são exclusivamente próprios: 1. a mezzogiorno 2. alle tredici 3. alle nove 4. alle nove 5. alle venti 6. alle dieci 7. alle otto 8. alle quindici

Exercício Oral 6-2

1. Jake e Beatrice arrivano in Italia il 20 ottobre. 2. Vanno a Firenze, Arezzo e vari piccoli posti. 3. Vanno per le nozze di Graziana e Paolo. 4. Restano in un albergo in centro. 5. Vogliono provare la cucina locale. 6. Portano due valigie piccole.

Exercício Escrito 6-4

As respostas podem variar de acordo com as suas preferências.

TESTE RÁPIDO

1. a 2. a 3. c 4. b 5. b 6. c 7. b 8. a 9. c 10. arrivare, venire, aprire, ricordare, avere ragione, freddo

CAPÍTULO 7

Revisão do Diálogo 7-1

1. Pavarotti era unico. 2. Vogliono andare a «La Bohème». 3. Sì, i biglietti sono un po'cari. 4. Beatrice vorrebbe vedere «Sei personaggi in cerca d'autore». 5. Sì, mi piace. (No, non mi piace.)

Exercício Escrito 7-1

As respostas podem variar de acordo com suas informações pessoais. Aqui está a carta traduzida:

> *Prezado Senhor,*
>
> *Eu gostaria de pedir os ingressos a seguir para a apresentação de* La Bohème. *Estou incluindo um saque bancário internacional na quantia de _____ euros. Você poderia fazer a gentileza de enviar os ingressos para _____ _____(Você poderia fazer a gentileza de guardar os ingressos na bilheteria; eu os pegarei no teatro antes do espetáculo.)*
>
> *Atenciosamente,*

Exercício Escrito 7-2

1. Pavarotti era único. 2. Os ingressos sempre são caros. 3. Eu não gostava de ópera quando era jovem. 4. Ele era rico e triste. 5. Emilio comia mal. 6. Faceva freddo. 7. Lui scriveva poesia. 8. Noi avevamo sempre fame. 9. Il lunedì, mangiavamo in giardino. 10. Lei era ricca e felice. 11. Lei ascoltava l'opera. 12. Mentre io

Respostas

leggevo... 13. ... i bambini cercavano il gatto. 14. Il sabato, andavamo al parco. 15. Loro studiavano l'italiano.

Revisão do Diálogo 7-2

Os cognatos incluem: caratteri, caratteristica, costumi, drammi, immortali, interessanti, mi, origini, produzione, rappresentavano, raramente, tenore, Shakespeare, splendidi, stereotipati, tipi, umana, usava.

Revisão do Diálogo 7-3

1. Jake e Beatrice hanno mangiato antipasti; poi Jake non ha mangiato un primo; poi tutt'e due hanno mangiato un secondo. 2. Sì, gli è piaciuta l'opera. 3. Secondo Jake, Mimi aveva una voce debole. 4. Sì, il tenore ha cantato bene. 5. Il cameriere era contento perché il tenore, suo cugino, ha cantato bene.

Exercício Escrito 7-4

1. Ontem, as garotas foram à escola. 2. Eu comprei os ingressos. 3. Ele jantou com amigos. 4. Nós falamos com Franco ontem. 5. As mulheres chegaram às 8h. 6. Lui ha capito? 7. Siamo andati a «La Bohème». 8. Faceva bel tempo ieri. 9. Il ragazzo aveva dieci anni. 10. Non era contento (contenta). 11. Quando lui ha cantato, lei ha pianto. 12. Sono partiti lunedì. 13. Mario, hai mangiato i biscotti? 14. Siamo stati a casa. 15. Ragazzi, dove siete andati?

TESTE RÁPIDO

1. Sì, i biglietti erano un po'cari. 2. Dava un dramma. 3. Shakespeare usava personaggi dalla commedia dell'arte nelle sue opere. 4. Hanno mangiato a un ristorante che era aperto tardi. 5. Il cameriere ha detto che il tenore era un suo cugino. As respostas às perguntas de 6 a 10 irão variar dependendo de suas próprias experiências. As respostas de exemplo incluem: 6. Sì, ho visto «La Bohème» molte volte. 7. Da bambino non studiavo volentieri. 8. Sì, sono andata in Italia. 9. Vorrei visitare Roma, Firenze e Venezia. 10. Quando sono andata a scuola avevo cinque anni.

CAPÍTULO 8

Revisão do Diálogo 8-1

1. Dal fruttivendolo si trovano mazzi di erbe aromatiche. 2. Si usa il basilico per togliere l'odore dalle mani. 3. Sì, Jake e Beatrice hanno già visitato le ville Medici. 4. La statua dell'Appenino si trova al Parco Demidoff. 5. Hanno deciso di andare al Giardino di Boboli.

Exercício Escrito 8-1

1. Normalmente, eu acordo às 5h. 2. A que horas você acorda? 3. Eu escovo meus dentes. 4. Ele (ela) penteia o cabelo. 5. Ele veste uma gravata. 6. Nós nos divertimos com eles. 7. Você vai para a cama cedo. 8. As crianças lavam as mãos antes de comer.

Exercício Escrito 8-2

1. Al Giardino di Boboli ci sono molte cose da vedere — la grotta, i giardini segreti, i cipressi.   2. Sì, ho visto un giardino formale. (No, non ho mai visto un giardino formale.)   3. Sì, mi piace lavorare in giardino. (No, non mi piace.)   4. Sì, ci sono giardini formali negli Stati Uniti.   5. Sì, si usa molto basilico nella cucina italiana.   6. In chiesa, non si parla — ma dipende dalla chiesa.   As respostas às perguntas de 7 a 10 irão variar. Seguem alguns exemplos: 7. Ieri sono andata in centro.   8. Ero una bambina molto felice.   9. Mi alzo alle cinque.   10. Mi piace fare un picnic quando fa bel tempo.

Revisão do Diálogo 8-2

1. Graziana voleva scappare per vedere gli amici.   2. Gli amici sono andati a una tomba etrusca e al museo archeologico.   3. Il padre di un'amica di Graziana ha scoperto la tomba.   4. Sì, evidentemente erano viaggiatori.   5. La chimera è una statua etrusca.   6. Sì, ho sofferto dalla sindrome di Stendhal. (No, non ho mai sofferto dalla sindrome di Stendhal.)

Exercício Oral 8-1

1. Tre erbe aromatiche sono rosmarino, timo, basilico.   2. Sì, ci sono moltissime ville storiche in Italia.   3. Jake e Beatrice sono andati al Giardino di Boboli.   4. Lui è architetto.   5. Gli Etruschi hanno imitato altre culture, specialmente quelle del Medio Oriente.   6. La chimera non era gentile e dolce.   7. Sì, ho visitato varie tombe etrusche. (No, non ho mai visitato una tomba etrusca.)   8. Si trovano erbe aromatiche dal fruttivendolo.

Revisão do Diálogo 8-3

1. f   2. v   3. v   4. f   5. v

Exercício Escrito 8-3

As respostas irão variar. Observe o Anexo A: Recursos.

TESTE RÁPIDO

1. Durante le vacanze, Jake e Beatrice sono andati in Italia.   2. No, non hanno visitato Roma.   3. Graziana e Paolo si sposano in ottobre.   4. Marzabotto è famoso per le rovine etrusche e per il cimitero.   5. Si soffre dalla sindrome di Stendhal dopo aver visto troppe cose belle.   6. Sì, ho visitato Marzabotto. (No, non ho mai visitato Marzabotto.)   7. Il Palazzo Strozzi è scuro, forte, basso e elegante.   8. Si usa il basilico per togliere l'odore dalle mani.   9. Beatrice lavorava al Palazzo Strozzi.   10. Dal Duomo si gira a destra e si segue via de' Martelli fino alla piazza San Lorenzo. Poi si gira a sinistra e si passa per il Mercato di San Lorenzo. Poi si va sempre dritto per arrivare al Mercato Centrale.

Respostas

CAPÍTULO 9

Revisão do Diálogo 9-1
1. Beppe e Marisa sono alle nozze di Graziana e Paolo.   2. Il padre di Graziana viene da Roma.   3. Beppe dice che Francesca e Paola non si sposeranno mai.   4. Jake e Beatrice andranno a Sant'Angelo in Vado.   5. I fratelli del padre di Graziana sono sentimentali (tutti piangevano durante la ceremonia) e romani; uno è simpatico; un altro è bello; uno è un po' grasso.   6. La madre di Graziana è elegante e bella.

Exercício Escrito 9-1
1. il nonno   2. la zia   3. lo zio   4. i nonni   5. i cugini   6. la madre o la zia   7. la madre   8. la zia

Exercício Escrito 9-2
1. andranno   2. vivranno   3. finiranno   4. comprerò   5. studierà   6. sarà

Revisão do Diálogo 9-2
1. Jake e Beatrice passeranno il giorno a Sant'Angelo in Vado.   2. Il cane da tartufo è l'inseparabile compagno della caccia.   3. Sì, ho mangiato molti tartufi. (No, non ho mai mangiato i fartufi.)   4. Ci sono moltissime sagre in Italia.   5. No, tutte le sagre non sono culinarie.   6. C'è un festival famoso a Spoleto.

Revisão do Diálogo 9-3
1. È il trentuno (31) dicembre.   2. Gli amici sono da Paolo.   3. Beppe ha scritto una biografia dell'ultima amante di Lord Byron.   4. Marisa cambierà lavoro.   5. Negli Stati Uniti si usano fuochi artificiali per festeggiare il 4 luglio, giorno dell'indipendenza.

Exercício Escrito 9-3
1. Quanti fratelli ha?   2. Tu sei sentimentale!   3. Andremo da Paolo l'anno prossimo.   4. I tartufi sono molto cari.   5. Hai visitato quell'Istituto?   6. Lui ha fatto quelle foto.   7. Lei è una donna elegante. Quella, che parla con Beppe.   8. Siamo andati a una sagra di pesce a Camogli.   9. Quando è uscito il libro?   10. Buon Anno!

TESTE RÁPIDO
1. c   2. b   3. b   4. c   5. a   6. giovane, antipatico, cattivo, arrivare, cominciare

CAPÍTULO 10

Revisão do Diálogo 10-1
1.v   2. f   3. f   4. v   5. v

Exercício Oral 10-1
1. Sono andati in Italia.   2. Pensano che erano molto sofisticati.   3. Sì, hanno visitato vari amici.   4. No, Jake non ha comprato una casa a Gubbio (ma voleva comprarne una).   5. A Marzabotto c'è stata una rappresaglia brutta.   6. Durante la seconda guerra mondiale.   7. Secondo me, Riccardo è simpatico (è un po'geloso).   8. Sì, hanno noleggiato una macchina.   9. No, non sono andati a Roma.   10. No, non hanno conosciuto altri americani.

Exercício Oral 10-2
1. M   2. H   3. P   4. K   5. N   6. O   7. T   8. A   9. S   10. R   11.D   12. B   13. E   14. L   15. G   16. I   17. F   18. C   19. J   20. Q

Exercício Escrito 10-1
1. Mi chiamo _____ e sono americano (americana).   2. Posso vedere il castello. Lo vedi?   3. Gli compro la casa.   4. In Italia, li visiterò.   5. Mi piace viaggiare. Nuove città? Adoro vederle.   6. Vengono alla festa?   7. Non li invito.   8. Gli mando cartoline da tutte le città che visito.   9. Arrivederci, signore.   10. C'è tanto da vedere. Vorrei vederlo tutto!

Revisão do Diálogo 10-2
1. Quais cidades você gostaria de visitar?   2. Tem algum artista que você admira? Onde você pode encontrar exemplos de seu trabalho?   3. Se você quiser visitar as ruínas romanas, onde deve ir?   4. Quantas malas você levará?   5. Você precisará de um celular?   6. Você vai alugar um carro ou irá de trem?   7. Onde você vai ficar? Em um hotel, em um apartamento alugado, com parentes ou com amigos?   8. Você irá à praia?   9. Você tem um passaporte?   10. Você sabe onde comprar passagem de ônibus?

Exercício Escrito 10-2
1. il 20 ottobre   2. Firenze   3. Arezzo   4. Venezia   5. singola   6. 40 Euro   7. rognoncini   8. tortelli di patate   9. Firenze   10. nove

Exercício Escrito 10-3
1. Ci sono due camere da letto.   2. È un appartamento abbastanza grande.   3. L'appartamento è in centro città.   4. No, non c'è una sala da pranzo.   5. Sì, c'è posto auto.

Respostas

TESTE RÁPIDO
1. f   2. f   3. v   4. v   5. f   6. f   7. f   8. v   9. f   10. v

TESTE DA PARTE DOIS
1. a	2. a	3. a	4. a	5. b	6. a	7. b	8. b	9. b	10. b
11. a	12. a	13. b	14. b	15. b	16. a	17. a	18. b	19. a	20. a
21. a	22. b	23. a	24. b	25. a					

EXAME FINAL
1. a	2. b	3. b	4. a	5. a	6. a	7. b	8. a	9. b	10. b
11. a	12. a	13. b	14. a	15. b	16. b	17. a	18. b	19. b	20. b
21. a	22. b	23. a	24. b	25. a	26. b	27. b	28. a	29. b	30. a
31. b	32. a	33. b	34. b	35. b	36. a	37. b	38. a	39. a	40. b
41. a	42. b	43. a	44. b	45. a	46. a	47. b	48. a	49. a	50. b
51. a	52. b	53. b	54. a	55. b	56. a	57. a	58. a	59. b	60. a
61. b	62. b	63. b	64. a	65. b	66. a	67. b	68. b	69. b	70. a
71. a	72. b	73. b	74. b	75. a	76. a	77. b	78. a	79. a	80. a
81. b	82. a	83. a	84. b	85. a	86. a	87. b	88. a	89. b	90. a
91. b	92. a	93. a	94. b	95. a	96. a	97. b	98. b	99. b	100. a

ÍNDICE

a 130
Adjetivos 62
Advérbios 66
  molto 66
  poco 66
Altrettanto! 79
anche 78
Anos 63
antipasto 79
Aparência física 38
Arquitetura 119
Arrivederci 24
ArrivederLa 24
Artigos 125
As comidas da Itália 71
Atividades ao ar livre 119
  observando a arquitetura 127
  si impessoal e o reflexivo 119
  teste rápido 130
  usando contrações 125
  usando preposições 125
avere 120
  conjugação de 61

Bares 51
Basquete 45
bello 60
Biografia 97
blu 132
boh 16
Buona notte 24
Buon appetito! 79

Buona sera 25
Buon dì 23
Buon giorno 24

Cabeleireiros 97
Calendário 138
capire 82
Carros 45
Caruso 110
Caruso, Enrico 110
Casa 116
cassa 4
castelli 123
Celebrações 131
  expressando "isto" e "aquilo" 131
  falando sobre a família 131
  festivais 136
  tempo futuro 135
  teste rápido 141
cena, la 174
che 186
che cosa 186
chiamarsi 148
chiusura 97
ciao 177
cioè 183
Clima 183
Conjugações de verbos irregulares 172
Cognatos 3
colazione 74
Come 79

221

Índice

Com'è? 34
Comendo 51, 71. *Consulte também*
    Comidas da Itália
Comendo fora 51
Comendo na Itália 71
Comidas da Itália 71
    comidas italianas 80
    jantando fora 71
    recebendo os amigos para o jantar 71
    teste rápido 83
    usando **fare** 77
    verbos 82
Comidas regionais 71
Comparações 57
Comprando ingressos para o teatro 105
Comprando o que é essencial 91
Compras 91
    planejando uma viagem 91
Conjugações de verbos regulares 109
conoscere 115
Contando séculos 67
Contrações 125
Cosa 32
Cultura italiana 32
    comendo 51, 57
    compras 97
    esportes e hobbies 45
    etruscos 78
    feriados 138
    Il Mezzogiorno 100
    provérbios 73
    sistema educacional 64
    soletrando nomes 76
    tarefas 47
    véspera de Ano Novo 139
    viagem especializada 128
    vilas 119
Cumprimentos 5, 24

da 7, 138
Dando uma opinião 111

Datas 67
Descrevendo um espetáculo 109
di 58, 59, 60, 110, 144, 151
Dias da semana 15
Dinheiro, trocando 48
Direções, obtendo 129
Discutindo 57, 78
dormire 82

è 82
    Com ci e ciò 31
Eh 26
Emoção 13
Entonação 223
Escola 61
Esportes e Hobbies 45
essere 21, 28, 61
    conjugação de 61
Estabelecimentos de lavanderia 48
Estados físicos 108
    expressando 57
    fazendo comparações 64
Etruscos 78
Expressando estados emocionais 60
Expressando estados emocionais
    e físicos 57
Expressando "isto" e "aquilo" 131

Falando sobre a família 133
Falando sobre o passado 108
Falando sobre sua viagem 143
Família Medici 123
fanno il ponte 139
fare 77, 78, 82
    conjugação de 61
Farmácias 97
Fattori, Giovanni 14
Fazendo planos 43
Feriados 138
Festivais 136, 137
Filmes italianos 169

Índice

223

Formas informais e formais 7
fruttivendolo 120
Futebol 44

Gênero
  adjetivos 38
  artigos 8
Gênero 44
gialli 22
gli 133, 165, 166
Gostos
  discutindo 57
  usando **piacere** 52
Grazie 123
Guevara, Ernesto 30

Hobbies 45
Horas 45
Hotéis 123

i 133
il 132
Il Mezzogiorno 100
imperfetto (tempo imperfeito) 115
in 125, 126
Indiretos, pronomes 148
Infinitivos 7
Ingressos para o teatro 105
Interrogativos 34, 35

Jantando fora 75
Jantar 75, 77
Jardins 120, 123
Jovens italianos que vivem na
    casa dos pais 26
Jornais 170
l' 41
la 22
le 32
Le 135, 142

Lei 28
libro rosa 23
liceo, el 64
limone 38
lo 34, 138
loro 28
Loro 28

Macchiaioli, i 9
mah 16
massa 79
meno 66, 69
mense 51
merenda, la 79
Meses 15, 16, 17
Mezzogiorno, il 100
molto 69
Museus 97

ne 61
nocciola 38
Nomes, soletrando 76
Números 99
  contando séculos 67
  datas 67

Objeto direto 147
Objeto indireto 148
Observando a arquitetura 127
onomastica 138
Ópera 113
Opinião, dando uma 111
ore 101

Palavras emprestadas 8
palazzi 123
Palladio, Andrea 123
pane e lavoro 9
parlare 82
Particípios passados 114

Índice

Passado 173
Passado, falando sobre o 105
  com o **imperfetto** 108
  com o **passato prossimo** 113
passato prossimo (passado próximo) 108
per favore 129
Perguntas 26, 30
Personalidade, descrevendo 39
Pessoas, descrevendo 40
piacere 40, 52
più 66
Planejando uma viagem 91
  comprando o que é essencial 95
  teste rápido 103
Planos, fazendo 43
pranzo 79
Prefixos 47
Preposições 47
  a 125
  da 126
  in 125
Pronomes 147
  objeto direto 147
  objeto indireto 147
  pessoais 147
  reflexivo 148
prima colazione, la 79
primo, il 15
Pronome objeto direto 114
pronto soccorso 97
Pronúncia 11
Provérbios 73

qual(e) 34
questo vs. **quello** 137

recuperiamo 96
Reflexivo 121
ristorante 51, 78

romanzi 22
rosa 38
rosticceria 50

Saindo 105
  comprando ingressos para o teatro 105
  dando uma opinião 111
  descrevendo um espetáculo 109
  falando sobre o passado 108
  teste rápido 117
Saindo à noite 105
Salve 24
Sand, Maurice 110
sapere 114
scatola 48
scrivere 82
scuola elementare, la 64
scuola media, la 64
Séculos 67
Sentimento 13
si impessoal e o reflexivo 119
Sistema educacional 64
sono 108
spuntino, uno 80
stare 175
storia 22
stra- (prefixo) 47
Substantivos 47
  usados como adjetivos 38
Substantivos femininos 8
Substantivos masculinos 8

Tarefas 47
tavola calda 51
Tchau, dizendo 5
Telefone 25
Telefones celulares 48
Tempo passado 149
Tempo futuro 135

Índice

Testes rápidos 149
  falando sobre sua viagem 143
  planejando uma viagem 152
tombaroli 145
tramezzino, un 80
trattoria 51
Trem, tomando o 97
Trilha Piero della Francesca 144

undici, le 79
Universidade 64
Usando **avere** 46
Usando contrações 125
Usando **fare** 77
Usando o **imperfetto** para discutir 115
Usando **piacere** 52
Usando Preposições 125

Verbos 125
  categorias de 82
  formas informais e formais 7
  reflexivos 121
  usando pronomes pessoais com 93

Verbos com **-are** 93
  imperfeito 108
  particípios passados 114
  tempo futuro 135
Verbos com **-ere** 114
  imperfeito 108
  particípios passados 114
  tempo futuro 135
Verbos com **-ire** 82
  imperfeito 108
  particípios passados 114
  tempo futuro 135
Verbos irregulares 172
Verbos reflexivos 173
Verbos regulares 171
Vida cotidiana 43
  realizando tarefas 47
  teste rápido 54
  usando **avere** 46
  usando **piacere** 52
Vilas 119, 123
Visitando as paisagens etruscas 123
Visitando jardins e vilas 119
voi 28

Editora Alta Books

Livros sobre negócios, gastronomia, informática, fotografia, guias de viagens, idiomas, além das séries Para Leigos, Use a Cabeça!, Sem Mistério, Leia & Pense e Frommer's.

Acesse nosso site
www.altabooks.com.br
e conheça nosso catálogo.

Impresso na Rotaplan Gráfica e Editora LTDA
www.rotaplangrafica.com.br
Tel.: 21-2201-1444